Inhalt

Gut ausgestattet 4

Gefahrenzone Küche 22

Einkauf und Vorrat 35

Grundtechniken und wichtige Vorräte 64

Kochen: Auf dem Herd, in der Mikrowelle 90

Kochen: Backen, Grillen, Rösten 114

Kühlen und Einfrieren 136

Resteverwertung 154

Essen lernen am Familientisch 160

Mit Gästen 186

Tischdekoration 221

Partyplaner 230

Notizen 249

Register 254

Gut ausgestattet

Wer Haushaltsutensilien und Werkzeuge durchdacht auswählt und richtig behandelt, hat lange etwas von ihnen, und die Arbeit geht leicht von der Hand.

■ Töpfe & Co.

1. Töpfe vom Töpfer

Kochgeschirr aus unglasierter Keramik, z. B. ein Römertopf, ist zwar etwas empfindlich, aber Essen, das darin gegart wird, bleibt wunderbar saftig.

- Nicht in der Mikrowelle erhitzen, wenn es nicht ausdrücklich dafür geeignet ist.
- Vor dem ersten Gebrauch in Wasser einweichen. Dann mit Wasser füllen, eine Schicht Öl daraufgießen und auf dem Herd oder im Backofen (je nach Herstellerempfehlung) leicht kochen lassen, bis das Wasser verdunstet ist.

2. Makellose Töpfe

Unglasierte Keramik ist porös und kann durch Lebensmittel fleckig werden. So wird sie gereinigt:

- Keine Scheuermittel verwenden, sonst kann die Oberfläche verkratzen. Hartnäckige Flecken mit Natron behandeln.
- Mit viel Wasser Schmutzpartikel aus den feinen Poren spülen.
- Nach dem Abwaschen einige Tage an der Luft trocknen lassen – am besten in der Sonne an einem offenen Fenster.

Das mach' ich mit links!

500 Tipps und Tricks für die Küche

Parragon

Bath • New York • Singapore • Hong Kong • Cologne • Delhi
Melbourne • Amsterdam • Johannesburg • Shenzhen

Text: Manidipa Mandal
Entwurf und Realisation: Fiona Biggs
Illustrationen: Kunal Kundu, Suresh Kumar,
Rajita Kashyap, Nitin Chawla
Layout: Eleven Arts

Realisation der deutschen Ausgabe: trans texas publishing, Köln
Übersetzung: Lisa Heilig, Köln; Ronit Jariv, Köln; Wiebke Krabbe, Damlos
Lektorat: Anna Loll, Köln
Projektmanagement: Nazire Ergün, Köln

ISBN 978-1-4723-7076-1

Printed in China

WARNUNG:
Die Tipps und Hinweise in diesem Buch sollten ausschließlich von Erwachsenen ab 18 Jahren angewendet werden.

Einige in diesem Buch empfohlene Reinigungsmittel und andere Substanzen sind leicht flüchtig und dürfen nur mit größter Vorsicht angewendet werden. Chemische Reinigungsmittel dürfen keinesfalls miteinander vermischt werden. Beachten Sie stets die Hinweise auf der Produktpackung.

Beim Gebrauch von Küchenutensilien und -geräten oder anderen Produkten im Zusammenhang mit diesem Buch sollten zusätzlich Anleitungen und Warnhinweise des Herstellers berücksichtigt sowie Utensilien und Geräte nur für die Zwecke verwendet werden, für die sie ursächlich bestimmt sind.

Der Verlag übernimmt keine Haftung für bei der Anwendung der Tipps und Hinweise in diesem Buch entstandene Sach- und Personenschäden.

Die Informationen in diesem Buch sind allgemeine Richtlinien und möglicherweise nicht für alle Personen zu empfehlen. Im Zweifelsfall konsultieren Sie Ihren Arzt oder einen anderen Experten.

3. In Glas auf niedrigerer Temperatur garen

Glas speichert Hitze länger als Back- und Auflaufformen aus anderen Materialien.

- Glasformen im Ofen immer im Auge behalten. Durch die stärkere Wärmespeicherung können Speisen schneller garen oder bräunen. Teile der Speise, die das Glas berühren, garen schneller als andere, die keinen Kontakt zur Form haben. Fleisch kann so ungleichmäßig gar werden.
- Bei den meisten Gerichten empfiehlt es sich, die Ofentemperatur nach dem Einschieben der Form um 4–5 °C zu reduzieren, damit sie nicht zu schnell bräunen.
- Heißes Glas sollte nicht in Berührung mit Feuchtigkeit kommen, weder von Ihren Händen noch auf der Arbeitsfläche.

4. Wunderbares Silikon

Backformen aus Silikon muss man nicht einfetten. Kuchen gleiten leicht aus der Form, Plätzchen lösen sich ohne Bruch. Außerdem kühlt es sehr schnell ab. Man kann sogar Teig darin einfrieren und noch gefroren in den Ofen schieben. Das spart Abwasch. Einige Details sollten Sie aber beachten.

- Die Bräunung fällt manchmal recht ungleichmäßig aus.
- Weil Silikon flexibel ist, sollte man große oder hoch gefüllte Formen auf ein Backblech stellen. Dadurch kann der Inhalt unten schneller gar werden.
- Silikon-Backformen können reißen, wenn sie öfter zusammengedrückt werden.
- Silikon wird klebrig, wenn man es einfettet.

5. Glänzende Emaille

Emaille ist recht robust, kann aber bei grober Behandlung verkratzen oder abstoßen.

- Nicht mit Bleiche, Stahlwolle oder Scheuermitteln reinigen.
- Zum Säubern eine in Borax getauchte Zitrone verwenden, zum Polieren eine Paste aus Backpulver und etwas Wasser.

6. Ein Wok für alle Fälle

Ein Wok hält lange, wenn er vor dem ersten Gebrauch richtig behandelt wird.

- Den neuen Wok abwaschen und bei starker Hitze trocknen.
- Wenn er heiß ist, die Innenfläche mit Rapsöl einreiben.
- Wieder auf den Herd stellen.
- Den Vorgang aus Erhitzen und Einölen zweimal wiederholen, dann ausspülen und abtrocknen.
- Der Wok ist nun vor Rost geschützt, und Speisen setzen kaum an.
- Nach jedem Gebrauch mit mildem Spülmittel abwaschen. Keine Scheuermittel!
- Falls sich Rostflecken zeigen oder Speisen häufiger ansetzen, diese Stellen mit feiner Stahlwolle reinigen. Danach wieder erhitzen und einölen.

7. Edler Stahl

Kochgeschirr aus Edelstahl ist sehr vielseitig: Es ist robust, leitet Hitze gut, rostet und verfärbt sich nicht. Damit Edelstahl lange schön bleibt, muss er richtig gepflegt werden.

- Nicht mit Stahlwolle reinigen – sie hinterlässt Kratzer.
- Nach der Zubereitung salz- oder säurehaltiger Speisen gleich ausspülen. Die Speisen nicht im Topf abkühlen lassen. Salz und Säure greifen die Oberfläche an.
- Sofort abtrocknen, sonst bilden sich weiße Wasserflecken.
- Nicht überhitzen, sonst kann sich der Stahl verfärben (*siehe Tipp 8*).

8. Gegen den Regenbogeneffekt

Regenbogenfarbige Flecken auf Töpfen sind ein Zeichen dafür, dass sie zu stark erhitzt wurden. Sie fallen besonders auf Edelstahl auf, können aber auch auf eloxiertem Aluminium auftreten. Langfristig leiden die Töpfe durch die Überhitzung.

- Auf dem Gasherd darf die Flamme nur zwei Drittel des Topfbodens bestreichen.
- Leere Töpfe nicht zu lange auf dem Herd stehen lassen. Am besten den Topf erst gefüllt auf den Herd stellen.

9. Silber und Stahl

Utensilien aus Silber und Edelstahl niemals zusammen einweichen – das Silber läuft dunkel an.

10. Das Familiensilber pflegen

Silber ist edel, aber auch empfindlich. Hier lesen Sie, was Sie besser vermeiden sollten:

- Grobe Behandlung – Silber ist relativ weich. Silberbesteck nicht biegen, verdrehen oder zu starken Druck darauf ausüben.
- Scheuermittel – Silber verkratzt leicht.
- Ungleichmäßiges Polieren – mit leichten Strichen immer nur in einer Richtung arbeiten, sonst entsteht ein „Moiré-Effekt".
- Eier – dadurch läuft Silber garantiert an.
- Gummi – Gummibänder können Tafelsilber sogar durch Seidenpapier hindurch beschädigen. Also bitte nicht bündeln!
- Feuchtigkeit – legen Sie ein Beutelchen mit Silikatkristallen in die Besteckschublade, damit das Silber nicht anläuft.
- Säure und Bleiche – in säurefreies Papier oder vielfach gewaschene Tücher wickeln.
- Stahl – *siehe Tipp 9.*

11. Kupfer auf Hochglanz

Töpfe und Pfannen aus blankem Kupfer sehen toll aus, sind robust und wegen der guten Wärmeleitfähigkeit ideal zum Kochen. Kaufen Sie Töpfe mit einer Innenseite aus Edelstahl, denn Kupfer reagiert mit allen säurehaltigen Lebensmitteln, wie Essig, Obst, Tomaten und sogar Eiern. Mit dem Gebrauch läuft Kupfer auch bei guter Pflege an, aber man kann es wieder auf Hochglanz bringen:

- Eine halbe Zitrone in Salz tunken und das Kupfer damit abreiben.
- Eine Minute (höchstens zwei) einwirken lassen.
- Gründlich klar abspülen.
- Mit einem weichen Tuch sorgfältig abtrocknen.

12. Hartes Wasser

Hartes Wasser und Salz können weiße Flecken verursachen. Sie sehen hässlich aus und können manche Materialien langfristig schädigen. Feines Porzellan und Kristall kann gelblich werden, und die Oberfläche mancher Metalle wird angegriffen.

- Von Hand abwaschen und gut abtrocknen, um Wasserflecken zu vermeiden.
- Kein Salz in leere Töpfe geben – außer zum vorsichtigen Losscheuern von Angebranntem (vorher mit Wasser und Natron einweichen).
- Beim Würzen die Flüssigkeit zuerst aufkochen. Salz zugeben und durch Rühren auflösen, erst dann den Topf vom Herd nehmen.

■ Zeit und Mühe sparen

13. Einhändig hacken

Professionelle Köche können Kräuter mit einem großen Kochmesser auf einem normalen Schneidebrett hacken, weil sie reichlich Übung haben. Wer nicht täglich hackt und würfelt und diese Übung nicht hat, sollte sich ein Wiegemesser – möglichst ein Einhandmodell – mit konkavem Brett zulegen. Darauf geht das Hacken schnell, und die Kräuter bleiben, wo sie hingehören.

14. Ruck, zuck sterilisieren

Wer Marmelade und andere Köstlichkeiten einmacht (*siehe Tipp 156*), weiß, wie lästig das Sterilisieren ist. Dabei kann es ganz schnell gehen!

- Den Backofen auf 180 °C vorheizen. Inzwischen die Gläser warm abspülen – in der Spülmaschine oder von Hand.
- Die Gläser nicht abtrocknen, sondern 10 Minuten in den Ofen stellen. Und schon können sie gefüllt werden.

15. Knoblauch schnell schälen

Knoblauch schmeckt herrlich zu Braten, Schmorgerichten und Dips. Das Schälen der Zehen ist etwas mühsam. So geht es einfacher:

- Mehrere Knoblauchzehen in einen stabilen Gefrierbeutel füllen.
- Mit dem Boden einer kleinen Flasche oder eines Gewürzglases leicht auf die Zehen drücken, damit sich die Schale löst. Kein Schmutz und keine klebrigen, riechenden Finger.
- Die Knoblauchschalen mit einer Gabel aus dem Beutel holen. Dann können Sie den Knoblauch einfrieren und nach Bedarf verwenden.

Wer keinen Mörser hat, kann übrigens auch Kräuter und Gewürze mit einem Flaschenboden zerdrücken, um ihr Aroma freizusetzen.

16. Flink ausrollen

Sie sind mitten beim Backen und brauchen eine saubere Backrolle? Kein Problem.

- Nehmen Sie eine Weinflasche – aber zuerst das Etikett gründlich entfernen.
- Keine leere Flasche im Haus? Wickeln Sie eine volle in Frischhaltefolie.
- Die leere Flasche ohne Etikett lässt sich leicht abwaschen. Die volle wickeln Sie einfach wieder aus der Folie.
- Die Flaschen dürfen nicht zu kalt sein, sonst bildet sich Kondenswasser und der Teig wird matschig.

Flaschen zum Ausrollen sind besonders praktisch, wenn man mehrere Teige, z. B. einen süßen und einen salzigen, am gleichen Tag verarbeitet.

17. Backofenreinigung leicht gemacht

Wer gern bäckt, muss oft den Ofen sauber machen: Krümel herausfegen, Kleckse einweichen, Fettspritzer abwischen …

Machen Sie es sich leichter, indem Sie den Boden des Ofens auslegen.

- Zum Auslegen eignet sich Alufolie, die Sie vorher schon zum lockeren Abdecken von Lebensmitteln im Kühlschrank benutzt haben.
- Die Folie so in den Ofen legen, dass eventuelle Lebensmittelflecken oder Fett nach oben zeigen.
- Wenn der Ofen abgekühlt ist, die Folie vorsichtig (damit nichts herunterfällt) herausnehmen, zusammenknüllen und wegwerfen.

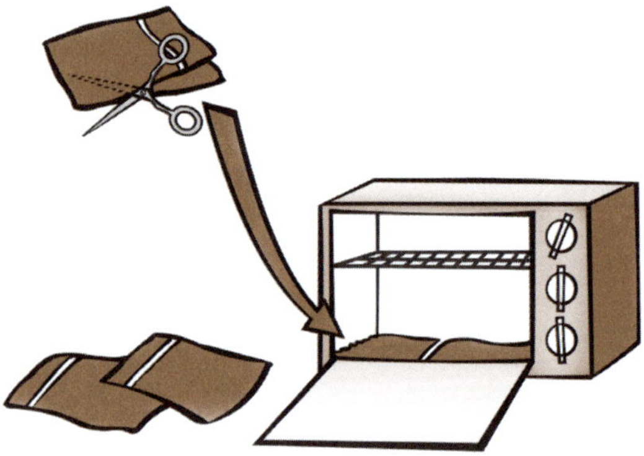

18. Schneiden mit Schnur

Gewachstes Baumwollgarn oder Zahnseide (ohne Geschmack) eignen sich gut, um zarte Biskuitböden quer aufzuschneiden oder gefüllte Biskuitrollen in Scheiben zu schneiden.

- Am Biskuitboden ringsherum mit einem Zahnstocher Punkte auf der Schnittlinie anzeichnen. Den Faden an den Punkten anlegen, die Enden überkreuzen und ziehen.
- Für Biskuitrollen den Faden wie einen Käseschneider verwenden. Auf einer Seite mit dem Daumen auf das Brett drücken, das Ende straffziehen und schneiden.
- Auch weicher bis halbfester Käse lässt sich so schneiden.
- Ein gutes Schneidewerkzeug für kleine Kinder, denen Sie kein Messer in die Hand geben wollen.
- Ideal für viele weiche Gebäckrollen und Wraps, z. B. aufgerollte Omeletts, Bûches de Noël, Eisbomben.

19. Gemüse sauber schrubben

Haben Sie einen Luffa- oder Peeling-Handschuh, den Sie nicht mehr benutzen? Dann können Sie ihn in der Küche noch gut gebrauchen. Kartoffeln, Karotten, Zucchini oder Champignons lassen sich damit schonender säubern als mit einer harten Bürste, die das Fruchtfleisch beschädigen kann.

Fürs Bad sollten Sie aber einen anderen Handschuh verwenden!

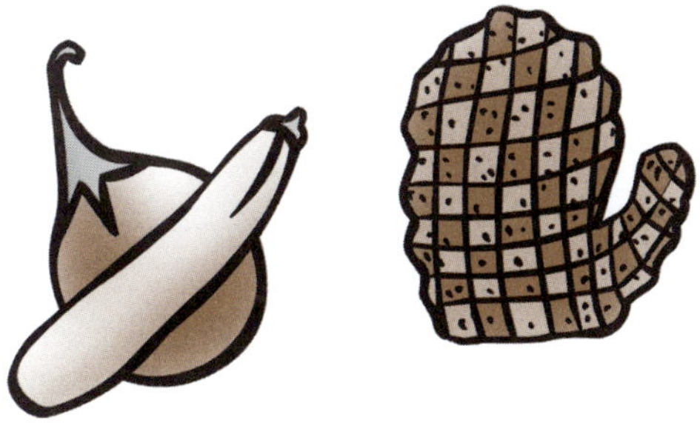

20. Schnell und sicher mit der Schere

- Schnittlauch in Röllchen schneiden.
- Grüne Bohnen putzen.
- Porree putzen.
- Schinken- und Speckscheiben in Streifen schneiden.
- Fett und Sehnen von Fleisch entfernen.
- Garnelen in „Butterfly"-Form schneiden.
- Geflügel für Platthuhn am Rücken entlang aufschneiden.

Es geht nicht nur schneller und einfacher als mit dem Messer, auch das Schneidebrett bleibt sauber.

Geräte und Utensilien optimal nutzen

21. Schneller als die Mikrowelle

Gerichte für viele Esser garen im Schnellkochtopf schneller als in der Mikrowelle.

- Die richtige Größe wählen, um weder Energie noch Zutaten zu verschwenden.
- Den Griff kontrollieren. Auch wenn der Topf heiß oder voll ist, muss man ihn anfassen können. An frei liegenden Metallteilen auf der Unterseite kann man sich verbrennen.
- Ein manueller Druckregler ermöglicht es, den Druck zügig abzulassen. Den Topf niemals öffnen, solange er unter Druck steht. Heißer Dampf erzeugt schlimmere Verbrennungen als heißes Wasser!
- Achten Sie darauf, dass der Gummidichtungsring intakt und fettfrei ist und legen Sie ihn korrekt ein (Herstelleranweisung beachten). Bei häufigem Gebrauch den Ring erneuern.

22. Espresso mit Crema

Verwenden Sie für den täglichen Espresso lieber einen kleineren Kocher als einen zu großen.

- Eine schöne „Crema" entsteht, wenn möglichst wenig Wasserdampf durch möglichst viel gemahlenen Espresso gepresst wird.
- Schaum bildet sich nur auf der ersten Portion – darum ist ein Espressokocher für zwei Tassen ideal.
- Zuerst die beiden Tassen etwa 2 cm hoch füllen, dann den restlichen Espresso verteilen. Den größeren Espressokocher sollten Sie nur einsetzen, wenn Sie schnell für viele Gäste eine Tasse starken Schwarzen zubereiten wollen.

23. Regelmäßig abtauen

Wenn sich Ihr Kühl- oder Gefrierschrank nicht automatisch abtaut, sollten Sie diese Arbeit regelmäßig erledigen.

- Alle Lebensmittel in eine Kühltasche oder -box packen.
- Das Gerät abschalten.
- Die Fachböden mit Geschirrtüchern abdecken.
- Ein Geschirrtuch auf den Kühlschrankboden und ein weiteres auf den Fußboden davor legen, um heraustropfendes Wasser aufzunehmen.
- Flache Metallschalen oder -töpfe mit kochendem Wasser füllen und auf die Fachböden stellen. Die Tür schließen. Wenn das Wasser abkühlt, durch heißes ersetzen, bis alles Eis aufgetaut ist.
- Natron in Wasser auflösen, das Innere damit auswischen und gut abtrocknen.
- Das Gerät einschalten. Eine halbe Stunde warten, dann die Lebensmittel wieder hineinlegen.

24. Schimmel? Nein danke!

Waschen Sie das Dichtungsgummi des Kühlschranks regelmäßig mit Essigwasser ab, damit sich in den Falten und Ecken kein Schimmel bilden kann.

25. Frischer Duft im Kühlschrank

Was tun, wenn der Kühlschrank muffig riecht und Sie gerade keine Zeit zum gründlichen Säubern haben?

- Gemahlenen Kaffee in ein flaches Gefäß füllen, mit Frischhaltefolie abdecken und in diese Löcher stechen. Für einige Stunden in den Kühlschrank stellen; der Kaffee nimmt Feuchtigkeit und unangenehme Gerüche auf.

26. Sauberer Mixer

Ein elektrischer Mixer reinigt sich fast von selbst.

- Den Mixbecher zur Hälfte mit heißem Wasser füllen, einige Tropfen Geschirrspülmittel zugeben und einschalten.

27. Minz-frischer Mixer

Asiatische Gewürzpasten sind zweifellos lecker und gesund. Aber sie (und auch Karotten oder Beeren, die voll wertvoller Antioxidantien stecken) können die Plastikschüssel von Mixer oder Küchenmaschine verfärben oder Geschmack abgeben – und dann schmeckt die feine Vichyssoise nach Curry! Spülwasser löst die Geschmacks- und Farbstoffe nicht immer.

- Ölen Sie die Mixerschüssel ein, bevor Sie farbintensive Zutaten zerkleinern. Dann können sich keine Flecken bilden.
- Was sich nicht abwaschen lässt, entfernen Sie mit einem Tuch, das Sie etwas eingeölt haben.
- Letzte Reste mit einem Spülmittel entfernen, das Enzyme enthält. Danach gründlich klar ausspülen.
- Um Gerüche zu vertreiben, zerkleinern Sie im Mixer einige Minzeblätter oder die Schalen ausgepresster Zitronen. Danach ist der Mixer wieder ganz frisch.

28. Einen Kürbis aushöhlen

Natürlich können Sie ein Spezialwerkzeug zum Aushöhlen von Kürbissen kaufen. Aber wie oft braucht man das schon?

- Das faserige Innere lässt sich gut mit einem Spaghettilöffel entfernen.
- Das Fruchtfleisch schaben Sie mit einem stabilen Eiskugelformer heraus. Dazu brauchen Sie nur etwas Kraft im Handgelenk.

29. Scheiben schneiden!

Sie benutzen den Eier- oder Tomatenschneider nur selten? Zweckentfremden Sie ihn!

- Gekochte Kartoffeln für Salat lassen sich damit im Nu schneiden.
- Pilze abbürsten und ab damit unter die Drähte.
- Auch Mozzarella und Mini-Babybel lässt sich damit prima schneiden.
- Marzipan zum Dekorieren von Kuchen und Plätzchen? Schnell geschnitten!
- Würste (wenn der Darm nicht zu hart ist) muss man einige Male nachschieben, aber wenn viele Partygäste erwartet werden, geht es mit dem Schneidegerät trotzdem flink!
- Ein Tomatenschneider zerkleinert auch Bananen, Kiwis und Kumquats akkurat und mundgerecht.

30. Hammer und Beil

Zugegeben, normalerweise hat man diese Werkzeuge nicht in der Küche, aber für hartschalige Kürbisse und Krustentiere sind sie wirklich praktisch. Als „Hammer“ eignet sich am besten ein Holzklüpfel mit langem Stiel, und als „Beil“ empfiehlt sich ein asiatisches Modell mit angeschmiedetem Metallgriff. Aber passen Sie bitte gut auf Ihre Finger auf!

- Um einen Kürbis aufzuschneiden, das Beil mit einem gut gezielten, vorsichtigen Schlag ins Fleisch hauen. Der Kürbis muss fest liegen und darf beim Aufschlag nicht wegrollen. Ein- oder zweimal mit dem Hammer aufs Beil schlagen, und schon ist der Kürbis halbiert.
- Mit dem Holzklüpfel lassen sich auch Schalen, Scheren und Beine gegarter Hummer und Krebse knacken. Aber nur behutsam zuschlagen, sonst fliegen die Schalensplitter in alle Richtungen!

Alles in Ordnung

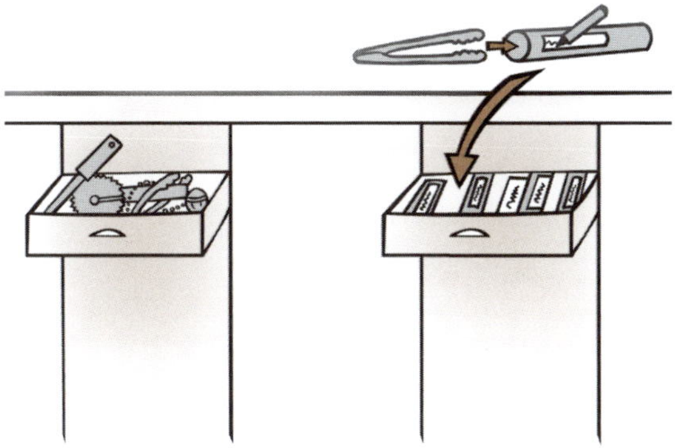

31. Utensiliensalat

Jeder hat mindestens eine Küchenschublade für sperrige Hilfsmittel wie:

- Grillzange
- Backpinsel
- Melonenausstecher
- Tee-Ei
- Messlöffel
- Pizza-Schneiderad

… und all die anderen Spezialutensilien, die man allzu selten braucht und die sich immer ineinander verhaken. Schaffen Sie Übersicht:

- Kleben Sie eine Hartfaserplatte auf die Innenseite einer Schranktür, bringen Sie Haken an und hängen Sie alles auf, was eine Öse hat.
- Für die übrigen Utensilien: Papprollen von Küchenpapier und Alufolie aufbewahren.
- Ein Ende der Rolle mit Malerkrepp verschließen.
- Die Utensilien in diese „Halfter" stecken, beschriften und mit geknüllter Alufolie verschließen.
- Schon herrscht Ordnung in der Schublade.

32. Holzbretter einölen

Wenn Sie Schneidebretter nach der Benutzung scheuern, können sich mit der Zeit Risse bilden.

- Etwa alle zwei Wochen etwas Küchenpapier in Speiseöl tauchen und die Bretter damit einreiben.
- Das Schneidebrett muss vorher absolut trocken sein, sonst schließt das Öl Feuchtigkeit im Inneren ein. Dann siedeln sich leicht Bakterien an, außerdem kann das Holz aufquellen und aus der Form geraten.

33. Karbonstahl pflegen

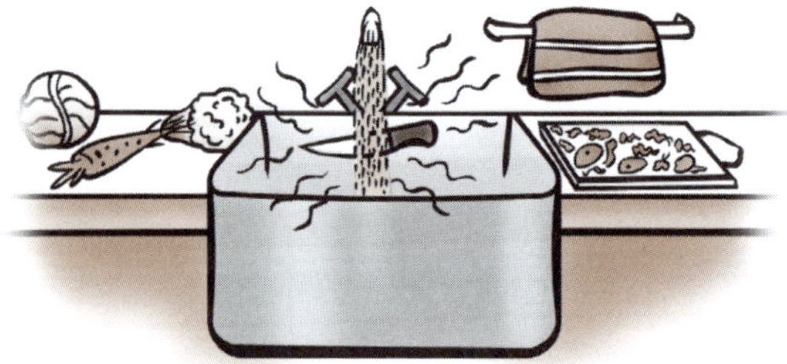

Messer aus Karbonstahl bleiben sehr lange scharf und lassen sich ausgezeichnet schleifen. Weil sie im Gegensatz zu Edelstahl aber rosten können, brauchen sie etwas Pflege.

- Karbonstahlklingen nach dem Gebrauch sofort heiß abwaschen und gleich abtrocknen.
- Die ganz trockene Klinge mit etwas Pflanzenöl einreiben, damit sie nicht rostet.
- Karbonstahlmesser nicht für Früchte und Gemüse benutzen, die viel Anthocyan enthalten (Rotkohl, violette Karotten, Rote Bete, Auberginen, Beeren und Blutorangen). Sie können sich bei Kontakt mit dem Stahl schwärzlich-blau verfärben.

34. Abfluss verstopft?

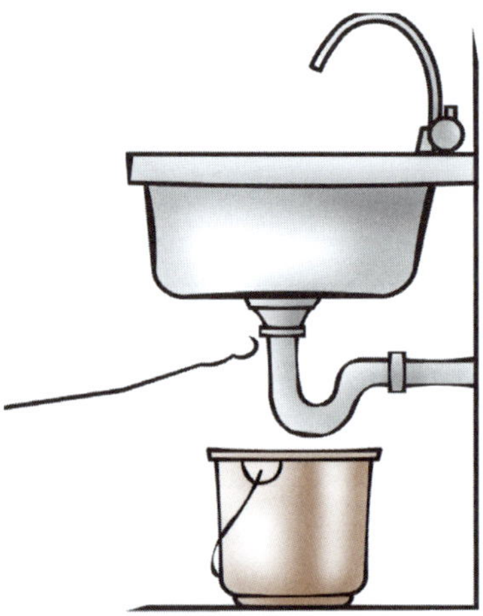

Ist der Abfluss der Küchenspüle verstopft?

- Sitzt die Verstopfung direkt am Abfluss, stochern Sie sie los. Dann mit Soda und heißem Wasser nachspülen. Genügt das nicht, verwenden Sie einen handelsüblichen Abflussreiniger.
- Wenn das nicht hilft, ist wahrscheinlich das u-förmige Teil des Abflussrohrs verstopft und muss aufgeschraubt werden. Einen Eimer unterstellen, um Wasser und Feststoffe aufzufangen. Dann den „Pfropfen" mit dem Haken eines Drahtkleiderbügels herausziehen. Nicht weiter ins Rohr schieben!

35. Abfallentsorgung

In manche Spülenabflüsse ist ein Abfallzerkleinerer eingebaut. Tatsächlich eignet sich dieses Gerät aber nur für kleine Reste, nicht für groben Abfall. Zerkleinern Sie damit keine Reste, die sehr fetthaltig, hart oder faserig sind, wie z. B.:

- Rohe, holzige Karotten
- Kohlstrünke
- Strünke von Maiskolben (auch keine gekochten)
- Ungekochte Hülsenfrüchte
- Größere Knochen oder harte Knorpel
- Rohe Haut von Fisch oder Fleisch, Schweineschwarte (auch keine gekochte)
- Öle und Fette

Achtung: Niemals anorganische Stoffe wie Plastik oder Alufolie in dem Gerät zerkleinern.

Gefahrenzone Küche

Umsichtig hantieren mit Wasser, Feuer und Elektrizität – allein und in Kombination. Richtiger und gefahrloser Umgang mit scharfen und heißen Gegenständen. Vorbeugung und schnelle Hilfe im Notfall.

■ Risiken vermeiden

36. Rutschfeste Böden

Ein Läufer macht einen harten, kühlen Küchenboden wärmer, aber er kann auch eine Stolperfalle sein.

- Läufer ohne Anti-Rutsch-Beschichtung nur auf rauen Böden wie Naturstein, Holz oder rutschfesten Fliesen verwenden.
- Auf glatten oder lackierten Böden nur Läufer mit einer gummierten Rückseite wählen.
- In der Küche möglichst ganz auf Läufer verzichten. Ein falscher Schritt mit einem Topf voll heißer Flüssigkeit kann direkt ins Krankenhaus führen.
- Auch im Bad sollten Sie sich auf eine Matte mit gummierter Rückseite vor der Wanne oder Dusche beschränken und auf andere lose Läufer verzichten.

37. Sicherheitsregeln für alle

Einige Grundregeln zur Sicherheit sollten alle Familienmitglieder kennen. Und am besten lernt man sie beim gemeinsamen Kochen.

- Richtig schneiden üben: Viele Unfälle geschehen, wenn man mit einem stumpfen Messer oder mit der falschen Technik hackt oder schneidet.
- Demonstrieren Sie, wie man Gefäße mit heißer Flüssigkeit trägt.
- Erklären Sie den Umgang mit Feuerlöscher und Löschdecke (*siehe Tipp 39*).
- Falls jemand in der Familie eine Lebensmittelallergie hat, sollten alle lernen, verträgliche Mahlzeiten zu planen und sich bei einer allergischen Reaktion richtig zu verhalten.

Gemeinsames Kochen bedeutet natürlich auch, aufeinander zu achten, z. B. beim Bedienen des Backofens oder am Heißwasserhahn.

38. Kleine Küchenhelfer

Kinder helfen gern in der Küche. Selbst die Kleinsten können mitmachen, wenn man einige Vorsichtsmaßnahmen ergreift.

- Erklären Sie, dass Herd und Backofen nur für Erwachsene sind.
- Ziehen Sie ihnen Kittel aus ausgedienten, kurzärmeligen Oberhemden an (oder schneiden Sie die Ärmel ab).
- Zeigen Sie ihnen, wie man Zutaten abmisst, Mehl siebt, Teig rührt, Erbsen auspalt oder einen Belag verstreicht.
- Kinder unter fünf Jahren sollten nicht mit Messern arbeiten. Sie können aber eine abgerundete Schere benutzen, z. B. für Bohnen, Schinken und Käse.

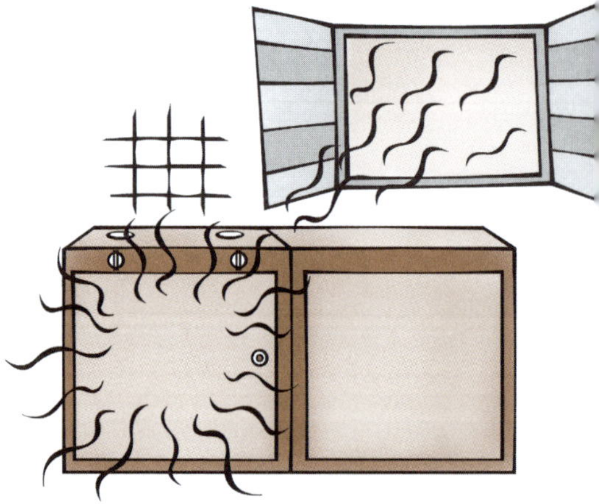

39. Hinwerfen und wälzen

Brände kommen vor, und zwar besonders oft in der Küche.

- Wenn Ihre Haare oder Kleider Feuer fangen, laufen Sie nicht weg. Lassen Sie sich auf den Boden fallen und wälzen Sie sich, um die Flammen zu ersticken.

Erklären Sie Kindern diese Verhaltensregel, sobald sie verstehen, was Feuer ist.

40. Gasgeruch? Schnell raus!

Gas kann lebensbedrohlich sein.

- Stellen Sie sicher, dass alle Familienmitglieder den Geruch von Gas erkennen.
- Wenn Sie Gas riechen, verlassen Sie sofort das Haus und rufen Sie per Handy oder von einem Nachbarn aus telefonisch Hilfe.
- Schalten Sie auf keinen Fall Leuchten oder Lüftungsgeräte an. Benutzen Sie keine Elektrogeräte, auch nicht das Festnetztelefon. Ein winziger Funke kann genügen, um das Gas zur Explosion zu bringen.

Vorsicht, Keime!

41. Besteck für den Hund

Wenn Sie Haustiere haben, schaffen Sie für deren Futter separate Schüsseln und Besteckteile an.

- Bewahren Sie die Utensilien getrennt von den normalen Küchenutensilien auf und bereiten Sie das Tierfutter an einem separaten Platz in der Küche zu.
- Dosenöffner, Löffel und Gabel für das Tierfutter sollten klar beschriftet oder gekennzeichnet sein, damit auch hilfsbereite Gäste nicht versehentlich die Utensilien für Lebensmittel benutzen.
- Waschen Sie Näpfe und anderes Tierzubehör separat ab. Desinfizieren Sie den Arbeitsbereich, ehe Sie ihn wieder für menschliche Nahrung nutzen.
- Achten Sie beim Abwaschen darauf, dass keine „Menschenutensilien" an der Spüle stehen und bespritzt werden könnten.

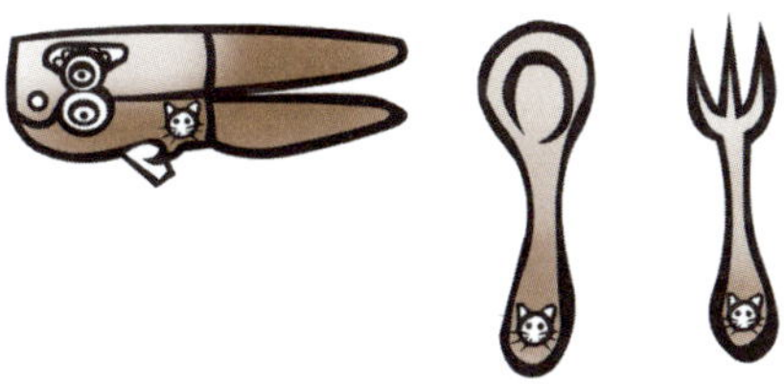

42. Schmucklos

Profiköche tragen bei der Arbeit niemals Ringe. An Schmuck können sich Keime absetzen, die sich nicht ohne Weiteres abspülen lassen.

- Ehe Sie zu kochen beginnen, nehmen Sie Armbanduhr, Ringe, Armbänder und anderen Handschmuck ab. Stellen Sie ein Kästchen mit Deckel auf die Arbeitsfläche, damit Sie nicht vergessen, den Schmuck abzulegen.
- Praktisch ist eine kleine Keramikdose an der Spüle, in die Sie den Schmuck legen, ehe Sie die Hände ins heiße Seifenwasser stecken.

43. Sicher grillen

Beim Grillen hantiert man mit rohem und gegartem Fleisch. Dabei können leicht Keime übertragen werden.

- Bauen Sie neben dem Grill, aber nicht zu nahe an der Hitze, einen Klapptisch auf.
- Eine große Schüssel mit Wasser, ein Pumpzerstäuber mit desinfizierender Seife und ein paar saubere Gästehandtücher sollten griffbereit sein.
- Waschen Sie sich die Hände, wenn Sie rohes Fleisch angefasst haben – jedes Mal!
- Nehmen Sie zum Abtrocknen jeweils ein sauberes Handtuch.

■ Gefahrlos kochen

44. Achtung, Griffe!

Dieser Sicherheitstipp ist besonders wichtig in Haushalten mit kleinen Kindern, aber auch Erwachsenen kann etwas Vorsicht nicht schaden.

- Griffe von Pfannen und Töpfen niemals nach vorn über den Herd vorstehen lassen.
- Ein Schutzgitter ums Kochfeld verhindert, dass Kinderhände einen Griff zu fassen bekommen.
- Lassen Sie nie mehr als ein Messer auf dem Schneidebrett oder der Arbeitsfläche liegen.
- Messer immer parallel zur Arbeitsplattenvorderkante legen, niemals rechtwinklig. Dann rutscht es nicht auf Sie zu, wenn Sie einmal versehentlich darauf drücken.

45. Knöpfe und Schalter

Kinder betätigen gern Schalter, vor allem wenn diese etwas in Bewegung setzen – etwa die Waschmaschine oder den Drehteller der Mikrowelle.

- Wer kleine Kinder hat, sollte die Schalter mit Schutzkappen abdecken.
- Auch größere Kinder sollten die Mikrowelle nur unter Aufsicht benutzen.
- Ideal ist eine eingebaute „Gerätegarage“ mit Rollladen, der einrastet oder abschließbar ist. Eine Steckdosenleiste an der Rückwand bietet Anschlussmöglichkeit für viele Geräte wie Waffeleisen, Toaster, Kaffeemaschine oder Mikrowelle. Nach der Benutzung brauchen Sie nichts wegzuräumen, sondern nur den Rollladen zu schließen.

46. Ölteppich!

Fettige Böden können zu üblen Stürzen führen.

- Mehl auf den Fettfleck streuen, andrücken und hin- und herschieben, um das Fett aufzusaugen.
- Danach lässt sich der Großteil der Fett-Mehl-Mischung mit Handfeger und Schaufel beseitigen.
- Den Rest wischen Sie mit Seifenwasser auf.

■ Feueralarm

47. Wo Rauch ist, ist auch Feuer

Rauchmelder sind überall im Haus sinnvoll, vor allem in der Küche. Allerdings kann Rauch und Dampf, der beim Kochen entsteht, das Gerät unbeabsichtigt auslösen.

Schaffen Sie einen Rauchmelder an, den Sie manuell stumm schalten können, wenn Sie Paprika grillen!

48. Stoff und Feuer vertragen sich nicht

Auf Geschirrtücher und Topflappen kann man nicht verzichten. Wer auf Gas kocht, sollte bedenken, dass die meisten Gewebe leicht entflammbar sind.

- Bringen Sie in der Nähe des Herds keine Vorhänge an.
- Tragen Sie beim Kochen keine langärmeligen, rüschigen oder weiten Kleidungsstücke. Krempeln Sie die Ärmel hoch und binden Sie eine Schürze um – am besten eine aus schwer entflammbarem Stoff.
- Niemals Geschirrtücher oder Topflappen an die Klappe des eingeschalteten Backofens oder an die Wand direkt hinter dem Kochfeld hängen.

49. Kunststoff und Papier

Papier fängt leicht Feuer, und auch Kunststoff kann auf Hitze unberechenbar und unangenehm reagieren.

- Küchenkrepp hat in der Nähe vom Herd nichts verloren.
- Lebensmittel und Utensilien möglichst nicht in Papierverpackungen aufbewahren, auch nicht in Schränken. Eine Ausnahme bildet der Kühlschrank.
- Kunststoffutensilien, über deren Hitzebeständigkeit Sie unsicher sind, gehören nicht in die Nähe von Herd und Backofen und schon gar nicht in die Mikrowelle.
- Meiden Sie Schürzen und Handschuhe mit Kunststoffbeschichtung. Wenn sie schmelzen oder Feuer fangen, kleben sie schmerzhaft auf der Haut fest.

50. Zurücktreten, bitte!

Bewegen Sie sich in der Nähe von offenem Feuer und Kochgeräten immer kontrolliert.

- Lange Haare zusammenbinden – der Hygiene und der Sicherheit wegen.
- Lange Kunstnägel sind nicht küchentauglich. Sie können sich beim Kneten von Teig oder Raspeln von Karotten schmerzhaft verhaken, und sie können in der Nähe von Hitzequellen sogar direkt auf den Fingern schmelzen oder brennen.
- Gewöhnen Sie sich (und Ihrer Familie) gar nicht erst an, sich an Arbeitsplatten zu lehnen. Dabei kommt man leicht versehentlich dem Kochfeld oder der heißen Backofentür zu nahe.
- Erklären Sie Kindern, dass sie die Backofentür nicht berühren dürfen. Angefasst wird nur der Griff, und zwar immer mit Topfhandschuhen.
- Ideal ist ein Backofen auf Augenhöhe, also außerhalb der Reichweite kleiner Kinder.

51. Vorsicht, heiß!

Das Verbrennungsrisiko ist in der Küche besonders hoch. Gehen Sie mit Hitze achtsam um.

- Niemals heiße Töpfe, Tassen oder sogar Löffel an die Kante der Arbeitsfläche stellen oder legen. Das gilt besonders in Familien mit kleinen Kindern oder Haustieren. Ein Hund, der nach einem überstehenden Löffelstiel springt, kann sich die Zunge verbrennen, und auch Sie können versehentlich den Kaffeebecher umstoßen.
- Stangen zum Aufhängen von Utensilien am Spritzschild halten die Arbeitsfläche frei. Aber hängen Sie nichts direkt hinter den Herd. Es ist gefährlich, über brodelnde Flüssigkeiten oder flackernde Flammen nach der Kelle zu greifen.
- Benutzen Sie vorzugsweise die hinteren Kochplatten. Kinder und Haustiere sind so weniger gefährdet, und auch Sie laufen keine Gefahr, versehentlich gegen heiße Töpfe zu stoßen (*siehe auch Tipp 44*).

52. Das Essen brennt!

Feuerlöscher und Löschdecke gehören in die Küche. Und auch dies sollten Sie wissen:

- Wenn Essen im Topf Feuer fängt, sofort den Herd abschalten und den Deckel auflegen (um das Feuer zu ersticken). Mindestens 30 Minuten abkühlen lassen, nicht früher anfassen.
- Wenn Fett brennt, streuen Sie Backnatron darauf. Damit lässt sich auch angebranntes Fett leichter abscheuern. Einen Fettbrand niemals mit Wasser löschen.
- Brennt es im Backofen, ziehen Sie den Stecker. Nicht die Ofentür öffnen!
- Steht der Holzkohlegrill in Flammen, den Deckel oder eine große Metallschüssel darüberstülpen, alternativ Sand oder Erde aufs Feuer streuen.

53. Öl ist ein Brennstoff

Aus Bratensatz kann man leckere Saucen zubereiten. Aber weil sie oft viel Fett enthalten, ist etwas Vorsicht geboten.

- Niemals eine Pfanne mit Bratensatz oder eine Ölflasche in die Nähe offener Flammen stellen. Das Fett fängt leicht Feuer.
- Gewöhnen Sie sich an, das Öl im Schrank aufzubewahren und sofort nach Gebrauch wieder dort zu verstauen.

54. Gefahrenfarbe Gelb

Gas brennt normalerweise mit bläulicher Flamme. Wenn die Flammen gelb sind, funktioniert der Brenner nicht optimal. Bei Funktionsstörungen wird der Brennstoff ineffizient genutzt, vor allem aber kann es gefährlich sein.

- Sobald Sie ein Problem bemerken, rufen Sie den Wartungsdienst an.
- Gas immer anzünden, bevor Sie einen Topf auf den Brenner stellen. So züngeln die Flammen gerade aufwärts, und Sie sehen genau, was Sie tun. Blindes Zündeln unter dem Topfboden ist gefährlich.

Elektrische Helfer

55. Vorsicht, Mikrowelle

- Abdeckhauben und Deckel vermeiden Spritzer. Die Abdeckung vorsichtig abnehmen, denn plötzlich austretender Dampf oder spritzende Flüssigkeit kann schmerzhafte Verbrennungen verursachen. Immer zuerst die vom Körper abgewandte Seite des Deckels öffnen.
- Frischhaltefolie mehrmals einstechen, damit der Dampf entweichen kann.
- Stechen Sie Lebensmittel, die fest sind oder eine Haut haben (Eigelb, Würste, Kartoffeln, Tomaten), mehrmals an, damit sie nicht explodieren.
- Keramik und Porzellan ist meist mikrowellenfest. Geschirr mit Metallrand darf nicht verwendet werden.

56. Flackerlicht

Eine flackernde Backofenleuchte, ein stotternder Mixer oder eine Leuchtstoffröhre, die dunkler wird, wenn Sie die Spülmaschine anschalten – all das können Anzeichen für überforderte Sicherungen oder Schäden an Kabeln sein.

- Lassen Sie solche Probleme unverzüglich von einem Fachmann beheben.

57. Watt und Wasser vertragen sich nicht

Elektrizität und Wasser sind ein gefährliches Duo, das in jeder Küche auftritt.

- Niemals ein Elektrogerät nahe der Spüle benutzen. Wenn es hineinfällt (selbst in ausgeschaltetem Zustand), besteht Lebensgefahr.
- Wenn Ihnen ein angeschlossenes Elektrogerät ins Wasser fällt, sofort die Hände abtrocknen und die Sicherung ausschalten. Dann den Stecker ziehen und danach das Gerät aus dem Wasser nehmen.
- In Räumen mit Wasseranschluss sollte immer ein FI-Schalter installiert sein, der bei Störungen, z. B. durch Kurzschluss, Kabelbruch oder Kontakt mit Feuchtigkeit, sofort die Stromzufuhr unterbricht.

■ Rund um den Tisch

58. Freie Bahn

Wer oft Tabletts mit zerbrechlichem Geschirr oder heißen Speisen trägt, sollte etwas für die Unfallvermeidung tun.

- Das Tablett sollte nur so groß sein, dass Sie noch gut sehen können, wohin Sie treten.
- Schwingtüren am Eingang zur Küche sind unvorteilhaft. Sie versperren beim Eintreten und Herausgehen die Sicht und begünstigen Zusammenstöße.
- Wenn die Küche an einen Flur grenzt, bringen Sie direkt an der Küchentür eine helle Lampe an. So wirft jeder, der aus der Küche tritt, einen Schatten, den Personen im Flur nicht übersehen können.
- Eine Schwelle oder Stufe an der Küchentür ist eine gefährliche Stolperfalle.

59. Nicht alle Reste einfrieren

Reste, an denen Speichelspuren haften können, sollten Sie aus hygienischen und gesundheitlichen Gründen keinesfalls einfrieren.

- Bewahren Sie Reste vom Teller eines Babys oder Kleinkinds gar nicht auf.
- Reste auf dem eigenen Teller können Sie notfalls in den Kühlschrank stellen, wenn niemand außer Ihnen davon isst. Aber selbst das ist nicht zu empfehlen.
- Mischen Sie keinesfalls Reste von den Tellern mit denen aus Schüsseln oder Speisen, die Sie vor dem Servieren abgefüllt haben.

60. Extralöffel für Medikamente

Familien mit kleinen Kindern haben oft allerlei Medikamente in der Hausapotheke.

- Legen Sie sich zum Abmessen und Einnehmen separate Löffel oder Gefäße zu. Diese sollten auch separat abgespült werden.

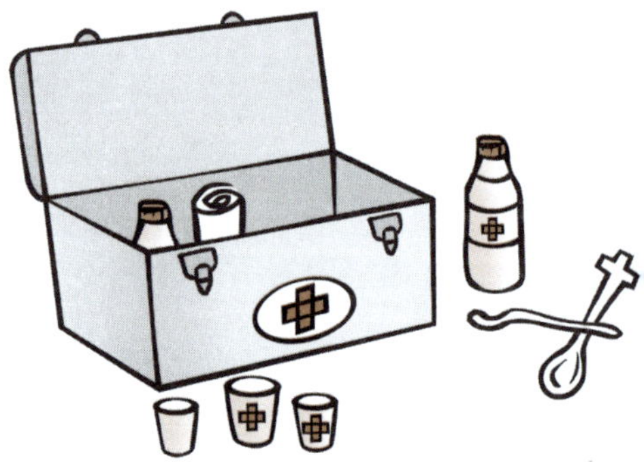

Einkauf und Vorrat

Alles über Lebensmitteleinkauf und Vorratshaltung. Obst und Gemüse, Milchprodukte, Fleisch und Fisch. Nährstoffreiche, geschmackvolle Produkte erkennen und in Kühlschrank oder Speisekammer richtig aufbewahren.

■ Clever einkaufen

61. Handy nicht ausschalten

Lassen Sie das Handy im Supermarkt eingeschaltet.

- Mit der Taschenrechnerfunktion des Handys können Sie stets den Überblick über die Gesamtkosten des Einkaufs behalten.

62. Mindesthaltbarkeitsdatum prüfen

Ehe Sie bei einem Sonderangebot mehrfach zugreifen, überlegen Sie, ob Sie die Menge vor Ablauf des Mindesthaltbarkeitsdatums wirklich verbrauchen können.

- Schauen Sie hinten im Regal nach, dort steht normalerweise neuere Ware, die sich länger hält. Ältere Lagerware wird im Regal üblicherweise nach vorn geräumt.

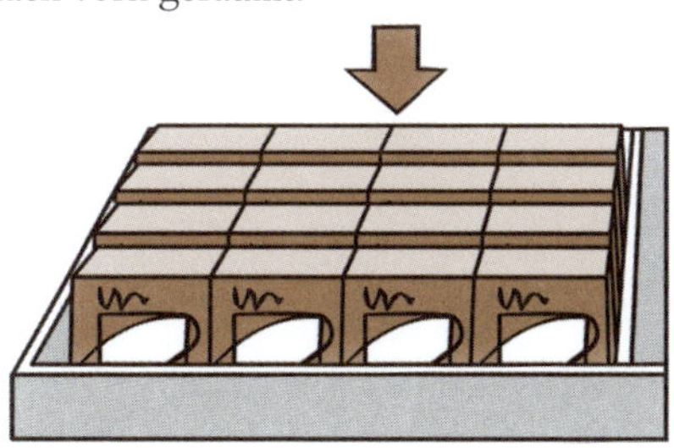

63. Zum Schluss an die Kühltruhe

Gefrorene Lebensmittel sollen bis zum Verbrauch nicht antauen.

- Legen Sie Tiefkühlware im Supermarkt erst unmittelbar vor dem Anstellen an der Kasse in den Wagen, damit die Kühlung nur für kurze Zeit unterbrochen wird.

64. Clever einpacken

Auch beim Ein- und Auspacken sollten Sie überlegt vorgehen. Das gilt besonders für Tiefkühlware.

- Alle gefrorenen Produkte zusammen einpacken, damit sie sich gegenseitig kühlen und isolieren.
- Nehmen Sie eine Kühltasche mit zum Einkauf, um gefrorene Produkte sicher nach Hause zu transportieren.
- Niemals warme Lebensmittel (z. B. ofenfrisches Brot oder ein Grillhähnchen) zusammen mit Tiefkühlware einpacken.
- Bringen Sie Gefrorenes unverzüglich nach Hause. Nicht mehr anhalten, um weitere Besorgungen zu machen.
- Tiefkühlware vorrangig ausladen und verstauen.

66. Etiketten lesen

Verpackungsdesign soll zum Kaufen verlocken. Echte Information liefert nur die Zutatenliste.

- Ein „Low-fat“-Produkt? Schauen Sie nach, ob es weniger Kalorien als das „Normalprodukt“ hat. Nein? Dann enthält es mehr Zucker.
- Ein Erwachsener sollte pro Tag maximal 70 g Fett zu sich nehmen. Wenn ein „Diät-Schokoriegel“ schon 30 g Fett hat, was essen Sie dann zu den normalen Mahlzeiten?
- Steht „Natrium“ auf der Liste? Mit 2,5 malnehmen, um den Kochsalzgehalt zu errechnen.
- Industriell hergestellte Transfettsäuren sind ungesünder als natürliche, tierische Fette. Lebensmittel, die modifizierte oder gehärtete Fette enthalten, sollten Sie lieber stehen lassen.
- Die Aufschrift „ohne gehärtete Fette“ ist trügerisch, denn solche Produkte enthalten oft Palmfett, das ernährungsphysiologisch nicht zu empfehlen ist.

65. Gleiches zu Gleichem

Was für Tiefkühlware gilt, betrifft auch andere verderbliche Lebensmittel. Am besten sortieren Sie gleich beim Einkaufen und Verstauen im Kofferraum.

- Haushaltswaren wie Alufolie, Küchenpapier und Spülmittel sowie Konserven und Getränke zuerst einkaufen.
- Obst, Gemüse und frische Milchprodukte, Fleisch, Fisch und Backwaren bilden den vorletzten Durchgang.
- Verderbliche Produkte zusammen einpacken.
- Rohes Fleisch von Obst und Gemüse getrennt halten.
- Milchprodukte und Gegartes getrennt von rohen Lebensmitteln halten.

67. Impulskäufe vermeiden

Marketing-Experten und bunte Werbung verleiten uns zu Spontankäufen. Supermärkte sind oft unübersichtlich, weil Orientierungsschwierigkeiten das Kaufverhalten „günstig" beeinflussen.

- Schreiben Sie eine Einkaufsliste – und halten Sie sich daran.
- Legen Sie Spontankäufe nicht in den Einkaufswagen, sondern in ein Körbchen. So spüren Sie das Gewicht und überlegen vielleicht noch einmal.
- Genehmigen Sie sich einen kleinen Betrag für Spontankäufe. Zwei Euro pro Person sind großzügig bemessen.
- Zahlen Sie immer bar, so behält man ein besseres Gefühl für die Geldmenge.

68. Quengelkinder

Nehmen Sie kleine Kinder nur mit zum Einkaufen, wenn sie ruhig und ausgeschlafen sind.

- Müde, quengelige Kinder sind ungeduldig und anstrengend. Das kann dazu führen, dass Sie den Einkauf abkürzen oder übereilt zugreifen, ohne auf Nährstoffe und Qualität zu achten. Vielleicht versuchen Sie auch, den Quälgeist mit Süßigkeiten zu beruhigen.

69. Nicht hungrig einkaufen

Vorräte sollte man verbrauchen, ehe man sie wieder aufstockt. Aber es gibt noch mehr gute Einkaufstipps.

- Wer hungrig einkaufen geht, greift öfter zu Dingen, die nicht wirklich nötig sind.
- Kaufen Sie nie mit einem hungrigen Kind Lebensmittel ein, sonst ist Stress vorprogrammiert.

70. Kontrolle ist besser

Prüfen Sie den Kassenzettel unmittelbar hinter der Kasse – und wenn er noch so lang ist.

- Es ist Ihr gutes Recht, den Kassenzettel zu prüfen. Lassen Sie sich nicht von anderen Kunden irritieren.
- Scannerkassen sind keine Garantie für Fehlerfreiheit. Strichcodes können Druckfehler enthalten, Sonderangebote sind nicht immer richtig gespeichert, und auch Kassierer sind nur Menschen. Wurde ein Artikel mehrfach erfasst?
- Bitten Sie bei Unstimmigkeiten einen Mitarbeiter des Geschäfts, mit Ihnen gemeinsam zum Regal oder Schild zu gehen, um den Preis nachzuschauen. Das ist ein berechtigter Wunsch und spart Diskussionen darüber, was jeder von Ihnen zu wissen glaubt.

■ Ordnung in den Schränken

71. Durchblick ist nicht immer gut

Durchsichtige Vorratsbehälter scheinen praktisch, denn man sieht gleich, wie viel man wovon hat. Viele Lebensmittel vertragen Wärme und Licht – typische Bedingungen in der Küche – aber nur schlecht.

- Ideal sind Vorratsbehälter aus Metall, Steingut oder hart gebrannter Keramik.
- Schön anschaulich sind Fotos des Inhalts, einfach wie Geschenkanhänger angebunden.
- Das Mindesthaltbarkeitsdatum auf den Rand des Fotos schreiben.

So wissen Sie, was wo steht und bis wann es verbraucht werden sollte.

Obst und Gemüse

72. Genussreif?

- Ananas ist reif, wenn sich ein Blatt leicht abzupfen lässt.
- Bananen und Papayas lieber etwas unreif kaufen und bei Zimmertemperatur in einer Papiertüte nachreifen lassen.
- Pilze verderben schnell. Am besten am Tag des Einkaufs verzehren.
- Steinobst nicht nach Festigkeit, sondern nach dem Geruch beurteilen. Die Saison ist meist kurz. Kaufen Sie darum einige vollreife Früchte, um sie sofort zu verzehren, und einige unreife, die in einer Papiertüte nachreifen können.
- Melonen und Kiwis sind reif, wenn sie duften.
- Feigen voll ausgereift kaufen, aber sofort verbrauchen, denn sie verderben sehr schnell.

73. Unreif? Überreif?

Nicht alle Früchte reifen am Baum voll aus, andere reifen nach der Ernte nicht mehr nach.

- Ananas reifen nach der Ernte nicht mehr nach.
- Manche Avocados reifen erst, nachdem sie gepflückt wurden. Wenn sie hart sind, heißt das also nur, dass sie frisch sind.
- Tomaten reifen bei niedriger Temperatur nicht nach. Wenn Sie zu viele reife Tomaten haben, legen Sie sie ins Gemüsefach des Kühlschranks, damit sie nicht faulen.
- Reife Bananen werden im Kühlschrank oder Gefrierschrank dunkelbraun, man kann sie aber noch zum Backen oder Pürieren verwenden.
- Beeren reifen kaum nach, faulen oder schimmeln aber bald nach der Ernte. Am besten kauft man sie reif und lagert sie nebeneinanderliegend auf einer Lage Küchenpapier im Kühlschrank.

74. Braun ist nicht schlecht

Mattbraune, raue Stellen an Baumobst sind keine Druckstellen durch grobe Behandlung, sondern werden meist durch Reibung der Blätter verursacht.

- Braune Stellen bekommen vor allem Früchte, die an den Enden der Zweige hängen. Sie sind oft süßer als die makellosen, weil sie mehr Sonne abbekommen haben.

75. Bananen aufhängen

Bananen beschleunigen die Reifung (und Fäulnis) anderer Früchte im Obstkorb.

- Sie können sie in eine separate Schale legen. Liegen aber mehrere Bananen aufeinander, steigen zwischen ihnen Gase auf und die Früchte faulen schnell.
- Hängt man Bananen auf, kann die Luft ringsherum zirkulieren und die Früchte bleiben länger frisch.

76. Zitronengelb?

Die Farbe ist kein verlässliches Kriterium bei der Auswahl von Zitrusfrüchten.

- Zitrusfrüchte gibt es in vielen verschiedenen Farbtönen.
- Eine leuchtend gelbe oder orangefarbene Schale ist kein Hinweis auf die Reife. Manche Sorten haben auch voll ausgereift grünliche oder hell orangegelbe Flecken.
- Die Schale sollte glatt, straff und glänzend sein. Vor allem unbehandelte Zitrusfrüchte werden matt, wenn sie nicht frisch sind.
- Lassen Sie sehr braune Früchte lieber liegen. Ein paar flache „Narben“ schaden aber nicht (*siehe Tipp 74*).
- Je nach Sorte sollte die Schale möglichst dünn sein. Limetten haben meist eine dünnere Schale als Zitronen. Dickschalige Früchte sind meist weniger saftig.
- Die Frucht sollte sich fest und für ihre Größe schwer anfühlen und keine Dellen oder weiche Stellen aufweisen. Manche Clementinensorten haben allerdings eine locker sitzende Schale und fühlen sich immer weich an.

77. Tomatensaison

Tomaten braucht man rund ums Jahr für unzählige Gerichte. Am besten schmecken sie aber im Sommer.

- Wer überreichlich erntet, kann Tomatenmark (mit einer Schicht Öl luftdicht abschließen) oder Passata selbst kochen oder die Tomaten im Backofen dörren.
- Außerhalb der Saison sind importierte Freilandtomaten meist aromatischer und fleischiger als hiesige Treibhausware.
- Kirsch- und Datteltomaten schmecken süßlich.
- Gelbe Tomaten sind süßer als rote.
- Im Winter sind geschälte Tomaten aus der Dose eine gute und preiswerte Alternative zu schlechter Treibhaus- oder teurer Importware.
- Wenn reife, rohe Tomaten nicht zu bekommen sind, verwenden Sie für Pizza und Crostini konzentriertes Tomatenmark.

78. Blätter mitnehmen

Wenn Sie Wurzelgemüse kaufen, nehmen Sie auch die Blätter mit.

- Die Blätter von Roten Beten, Karotten und Radieschen enthalten wertvolle Nährstoffe wie Eisen, Kalzium und Karotin.
- Knackige Blätter sind ein Zeichen dafür, dass das Gemüse frisch und in gutem Zustand ist.
- Zu Hause die Blätter abdrehen und separat aufbewahren, sonst entziehen sie den Wurzeln Feuchtigkeit und lassen sie schneller holzig werden.

79. Was Blätter über Gemüse verraten

Blätter geben Auskunft über die Frische der daran hängenden Wurzeln. Sind die Blätter gelb, welk oder haben helle Flecken, ist das Gemüse nicht frisch und enthält wenige Nährstoffe.

- Rote Bete ist reif, wenn die Blätter rote Ränder bekommen.
- Grünkohl ist alt, wenn sein Strunk holzig aussieht und dicke Adern hat.
- Auch harten Senfkohl und Spinat erkennt man an dicken Strünken.

80. Salat aufbewahren

Länger als einen Tag sollte man Blattsalate nicht aufbewahren. Wenn es nicht anders geht:

- Gründlich säubern und nicht essbare Teile entfernen. Nach dem Waschen den Salat sorgfältig trockenschleudern.
- Den geschleuderten Salat locker in ein sauberes Geschirrtuch wickeln und ins Gemüsefach des Kühlschranks legen.
- Eine Plastiktüte mehrmals einstechen und mit Küchenpapier auslegen. Den Salat sehr locker und luftig darin verpacken.
- Binnen drei oder vier Tagen verzehren.

81. Biegen und brechen

Okras und Stangensellerie sollten frisch und knackig sein. Sie werden schlaff und zäh, wenn sie zu lange oder falsch gelagert wurden.

- Selleriestangen müssen leicht brechen, wenn man sie biegt.
- Okras, die sich biegen lassen, sollten Sie liegen lassen. Brechen die Spitzen leicht ab, sind sie frisch.
- Spargelstangen an beiden Enden anfassen und biegen. An der Stelle, an der sie abbrechen, beginnt der faserige Teil, den Sie abschneiden sollten. Weißen Spargel vor dem Kochen schälen.

82. Essbare Blüten

Essbare Blüten sind eine hübsche Garnierung für Blattsalat und viele andere Gerichte. Ziehen Sie entsprechende Pflanzen selbst aus Samen, oder kaufen Sie bei einem Bauern ein, der nachweislich keine Pestizide einsetzt.

Lecker sind die Blüten von:

- Rucola
- Borretsch
- Kapuzinerkresse
- Stiefmütterchen/Hornveilchen
- Allen essbaren Kräutern, von Zichorie über Bockshornklee bis Estragon
- Chicorée
- Ringelblumen
- Geißblatt
- Taglilien (frittiert sehr lecker)
- Rosen, Veilchen und Lavendel

83. Lauschen Sie den Artischocken!

- Um die Frische von Artischocken zu prüfen, die Knospen ans Ohr halten und leicht drücken.
- Wenn sie frisch und fleischig sind, quietschen die Blätter.
- Rascheln sie leise, sind sie schon zu trocken.

84. Grüne Männchen

Kohlrabi sieht aus wie ein kleiner Außerirdischer mit Blattschopf.

- Kohlrabi ist mit Weißkohl verwandt, schmeckt aber mild und süßlich. Junge Knollen kann man roh essen.
- Kohlrabi eignet sich gut für den Bio-Anbau, weil er kaum anfällig für Schädlinge ist.
- Die Knollen sollten nicht mehr als 8 cm Durchmesser haben. Größere Knollen können holzige Stellen haben.
- Gewürfelt sind Kohlrabi eine feine Einlage für Gemüseeintöpfe.
- Junge, unversehrte Blätter zusammen mit den Knollen garen, dadurch wird der Geschmack intensiver.

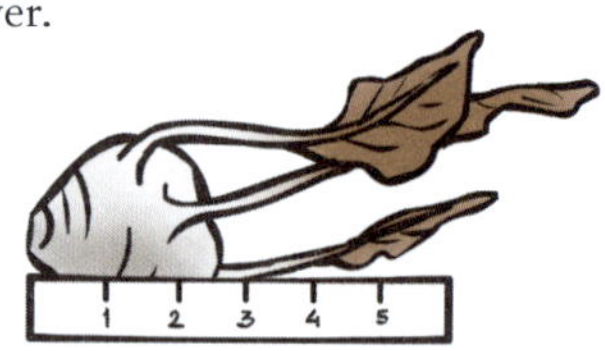

85. Zucchini und Ufos

Sommerkürbisse wie Zucchini und Ufo-Kürbis (auch unter dem Namen Squash im Handel) werden jung geerntet, wenn sie eine weiche Schale und unreife Samen haben.

- Kaufen Sie Früchte mit glatter, unversehrter Schale. Exemplare mit dunklen Flecken oder braunen Spitzen lieber liegen lassen.
- Sommerkürbisse sollten fest sein, aber nicht so hart wie Winterkürbisse. Die Schale muss sich leicht durchstechen lassen. Wenn sie zu zäh ist, kann man sie nicht mehr essen.
- Sommerkürbisse sollten für ihre Größe schwer sein. Dann ist das Fleisch fest und saftig, aber nicht weich und faserig.
- Im Idealfall erntet man Zucchini aller Farben, wenn sie etwa 15 cm lang sind. Dann schmecken sie frisch und nussig.
- In einem gelochten Gefrierbeutel halten sich Sommerkürbisse im Kühlschrank drei bis vier Tage. Danach verderben sie rasch.

86. Winterkürbisse

Zu den Winterkürbissen gehören neben dem bekannten „Gelben Zentner“ auch Butternut-, Eichel- und Spaghettikürbis.

- Klopfen Sie gegen die Schale: Sie sollte hart sein.
- Risse, meist durch Schäden bei der Ernte oder Lagerung, lassen vermuten, dass das Fleisch nicht einwandfrei ist.
- Grünschalige Sorten können helle Sprenkel, blasse Streifen oder orangefarbene Flecken haben. Früchte mit hellen oder braunen Flecken sollten Sie nicht kaufen.
- Die Schale von Butternut-Kürbissen ist bräunlich und glänzt seidig wie Eierschale.
- „Halloween-Kürbisse“ sind leuchtend orangerot.
- Winterkürbisse halten sich in einem kühlen, trockenen, gut belüfteten Raum zwei Monate oder länger, wenn man sie oft wendet.

87. Korb für Korb

Zwiebeln, Knoblauch und Kartoffeln lagert man normalerweise nicht im Kühlschrank. Am besten packt man sie – getrennt voneinander – in Körbe, damit sie gut belüftet sind.

- Gut geeignet sind stapelbare Dämpfkörbe aus Bambus, die sogar in einer aufgeräumten Küche auf der Arbeitsfläche gut aussehen.

88. Haltbarer Kürbis

Trocken aufbewahrt hält sich Kürbis recht gut. Das ist angesichts der Größe, die die Früchte erreichen können, ein Vorteil.

- Nach dem Anschneiden die Stücke kühl aufbewahren. Vorher die Kerne herausschaben (*siehe Tipp 28*).
- Wenn Sie den „Deckel“ abschneiden, halten Sie das Messer nach innen etwas schräg, damit er später gut aufliegt, ohne wegzurutschen.
- Das faserige Innere nicht verwerten. Sie können aber einige Kerne rösten und salzen oder kandieren. Soll der Kürbis mehrere Tage aufbewahrt werden, die Schnittflächen und die Schale mit Vaseline bestreichen, um die Austrocknung zu verzögern.
- Vor der Zubereitung gut abreiben, damit Gewürze eindringen können.

89. Neue Kartoffeln

Die meisten Kartoffeln halten sich am besten außerhalb des Kühlschranks an einem dunklen Platz – aber nicht die bissgroßen Erstlinge (auch Bratlinge genannt).

- Kleine neue Kartoffeln gekühlt aufbewahren. In feuchtwarmer Spätsommerluft werden sie schnell weich und wässrig.
- In den Kühlschrank legen, aber nicht in Plastik verpacken, sonst ist die Luftfeuchtigkeit zu hoch.
- Ein Stück Küchenpapier nimmt Feuchtigkeit auf und hält sie dunkel, wenn Sie die Kühlschranktür öffnen.

90. Nässe im Gemüsefach?

Ja, frisches Obst und Gemüse enthält Feuchtigkeit. Dadurch bleibt es knackig. Wenn Sie aber die Kühlschranktür öffnen, entsteht Kondenswasser – und das kann zu viel sein. Blattsalat und anderes Blattgemüse macht dann schnell schlapp.

- Legen Sie die Gemüseschublade mit Küchenpapier aus, ehe Sie Ihren Gemüseeinkauf auspacken.
- Entfernen Sie alle Plastikverpackungen vom Gemüse.
- Wickeln Sie die einzelnen Sorten nochmals in Küchenpapier, vor allem Blattgemüse.
- Pilze nicht im Gemüsefach lagern!
- Auch Kräuter mit festen Stielen nicht ins Gemüsefach legen, sondern in einem Glas Wasser in die Kühlschranktür stellen (*siehe Tipp 113*).

Getreide und Hülsenfrüchte

91. Feines und sehr feines Mehl

Mehl für Kuchen und Brot wird unterschiedlich fein ausgemahlen.

- Für besonders luftigen Kuchen, vor allem fettarmen Biskuit, lohnt es sich, anstelle von regulärem Mehl eine extrafeine Qualität zu kaufen. Oder Sie mischen Mehl und Speisestärke im Verhältnis 2:1.

92. Pasta-Puzzle

Kaufen Sie Nudeln grundsätzlich frisch, und rümpfen Sie die Nase über getrocknete Farfalle? Sind Sie sparsam und kaufen lieber einfache Alltagsnudeln statt ausgefallener Formen? Es hängt immer davon ab, was Sie kochen wollen!

- In Sahne- und Buttersaucen sind frische, weiche Nudeln besonders zart und seidig.
- Saucen auf Ölbasis kommen mit getrockneten Nudeln gut zur Geltung.
- Saucen mit Fleisch, Meeresfrüchten oder größeren Gemüsestücken passen ebenfalls gut zu getrockneten Nudeln, vor allem solche mit Rillen oder Höhlungen, die viel Sauce aufnehmen.

93. Mais bitte frisch!

Frischer Mais schmeckt köstlich, wenn man sein Geheimnis kennt: Vom Moment der Ernte an beginnt sich der Zucker in unlösliche Stärke umzuwandeln.

- Maiskolben darum nicht länger als einen Tag aufbewahren. Werden sie nicht sofort gegessen, lieber kochen, mit etwas Butter oder Öl bestreichen und im Kühlschrank lagern.
- Beim Kauf die Hüllblätter kontrollieren. Sie müssen fest und grün sein, die langen Fasern weich und seidig.
- Dann die Enden begutachten. Frischer Mais hat ein feuchtes, gelbes Schnittende (nicht blass oder braun) und feste, dicke Körner.

94. Getreide kennenlernen

Nudeln, Reis, Haferflocken, Grieß … klar, die kennt jeder. Aber haben Sie die folgenden schon probiert?

- Amaranth: super-nährstoffreich. Nussiger, leicht pfeffriger Geschmack, kommt ohne Gewürze aus. Wird cremig, wenn er in Flüssigkeit gekocht wird. Pufft bei trockener Hitze auf.
- Hirse: enthält viel Eisen. Gute Alternative zu Reis, Weizen, Gerste oder Hafer. Besonders lecker in Schmorgerichten.
- Quinoa: reich an Proteinen, enthält mehr Kalzium als Milch. Wird beim Kochen cremig-weich Quinoa-Brei ist eine gute Frühstücksalternative für Menschen mit Laktoseintoleranz.
- Wildreis: nicht lange haltbar und recht teuer. Sparsam verwenden, um einfacheres Getreide (z. B. Basmatireis) aufzupeppen.

95. Lang leben Hülsenfrüchte!

Hülsenfrüchte werden nicht so leicht ranzig wie Getreide, darum kann man ruhig größere Vorräte anlegen.

- Getrocknete Linsen und Bohnen halten sich zwei bis drei Jahre – länger als manche Vollkonserven.
- Ältere Hülsenfrüchte müssen länger kochen. Über Nacht in Wasser einweichen, dann im Schnellkochtopf garen, so werden sie schnell schön weich.

96. Dosen – was wirklich drin ist

Wie viel bleibt nach dem Abgießen und Abspülen von einer Dose Bohnen übrig?

- Eine handelsübliche 400-ml-Dose enthält etwa 240 g Kichererbsen oder Kidneybohnen. Bei leichteren Hülsenfrüchten wie Linsen ist die reine Gemüseeinwage etwas geringer.

■ Milch und Eier

97. Schützt die Milch!

Milchprodukte und Eier immer in Gefäßen mit fest schließenden Deckeln aufbewahren, weil sie leicht Fremdgerüche annehmen.

- Joghurt, Sahne und Milch gehören in fest verschlossene Behälter. Notfalls umfüllen oder fest mit Alufolie abdecken (*siehe Tipp 301*).
- Eier können in ihrem Karton bleiben oder in einem Eierbehälter mit Deckel im obersten Fach verstaut werden.
- Käse muss atmen und sollte separat von aromatischen Lebensmitteln aufbewahrt werden. Ist das nicht möglich, legen Sie ihn in eine Pappschachtel und verbrauchen Sie ihn zügig.

98. Frisch vom Hühnerhof?

Jeder weiß, dass man Eier in Wasser legt, um die Frische zu prüfen. Aber in welchem Supermarkt steht eine Schüssel mit Wasser bereit?

- Schauen Sie sich die Schale an. Sieht sie kreidig und etwas uneben aus, etwa wie frischer Verputz, dann wurde das Ei vor Kurzem gelegt.
- Eine wachsartige, glatte Schale sieht schön aus, aber das Ei liegt schon eine ganze Weile.

99. Wertvolle Molke

Mögen Sie gern körnigen Frischkäse oder Mozzarella?

- In Molke eingelegte Sorten halten sich besonders lange.
- Die Molke aufbewahren und unter den nächsten Brotteig kneten. Sie macht das Brot zart, würzig und steuert zusätzliche Proteine bei.
- Achtung, Molke bleicht Textilien. Für Transport und Lagerung lieber doppelt verpacken und bei der Verarbeitung eine Schürze umbinden.

■ Fleisch und Geflügel

100. Ein Huhn kaufen

Wenn Sie kein Grillhähnchen zubereiten wollen, sondern Suppe oder Eintopf, brauchen Sie keine Hähnchenschenkel oder Brustfilets.

- Kaufen Sie ein ganzes, frisches Huhn. Bitten Sie den Fleischer, es zu zerlegen und Ihnen auch die Innereien mitzugeben.
- Besorgen Sie auf dem Heimweg einige dicke Karotten, etwas Sellerie und Porree. Das Gemüse mit Innereien und einem Bouquet garni leicht kochen lassen, während Sie das Hauptgericht zubereiten.
- Wenn Sie gegessen haben, kann auch die Brühe durchgesiebt werden.
- Die Brühe für eine Suppe einfrieren. Prima: zwei Gerichte zum Preis von einem.

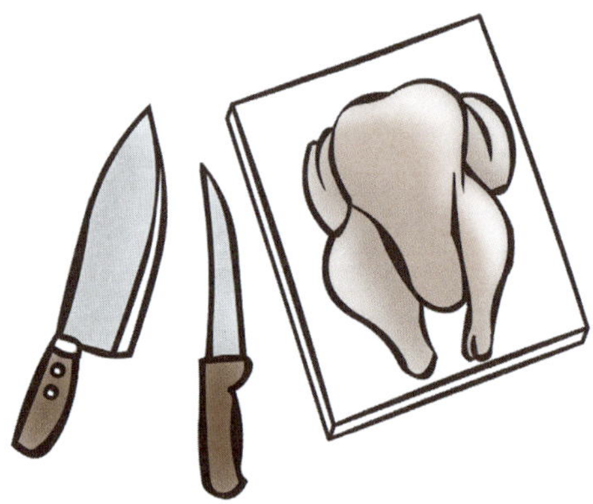

101. Mageres Fleisch

Fettarmes Fleisch ist leicht zu erkennen.

- Je stärker es marmoriert ist, desto fettreicher (und saftiger) ist es. Wer Fleisch mit wenig sichtbarem Fett kauft, muss etwas mehr Zeit zum Marinieren oder Schmoren einplanen.
- Stücke aus dem Rücken und der Keule sind magerer als Stücke vom Bauch.

102. Sonntagsbraten

Sie können am Sonntag keinen ganzen Schinken servieren? Kein Problem!

- Kaufen Sie stattdessen einen Schweinerollbraten – ebenso lecker und nicht so salzig.
- Um einen feinen Braten daraus zu machen, das Fleisch ausbreiten, frische Kräuter, eine Zwiebelfüllung oder gehackte Trockenpflaumen darauf verteilen, wieder aufrollen und feststecken oder verschnüren.

Damit der Braten saftig bleibt, Speckscheiben darauflegen oder mit sehr feinem Apfelmus bestreichen.

103. Feine Steaks

Grillfleisch wird besonders zart und lecker, wenn man es zuerst mariniert. Machen Sie sich die Sache leicht, indem Sie Fleisch schon vor dem Einfrieren marinieren.

- Jede Fleischscheibe mit etwas Marinade in einen Gefrierbeutel geben.
- Es mariniert, bis es gefroren ist, und dann noch einmal, während es wieder auftaut.
- Sie brauchen nur noch den Grill vorzuheizen.

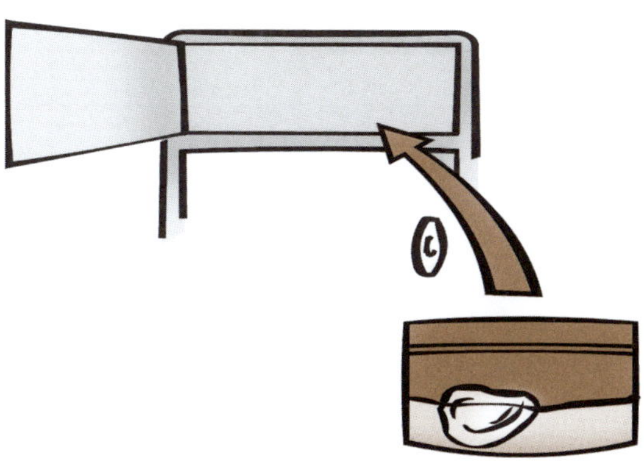

104. Sauce aus dem Eis

Jeder hat es gern einfach, aber Fertiggerichte sind teuer und schmecken auch oft nicht so gut.

Warum soll man fertige Nudelsaucen kaufen, wenn man sie ohne Mühe selbst machen kann?

- Frieren Sie einen Vorrat an Fleischklößchen oder klein geschnittenen groben Bratwürsten ein.
- Zum Zubereiten antauen, bis sich das Fleisch zerbröseln lässt.
- Mit Tomaten aus der Dose, Kräutern und gehackten Zwiebeln erwärmen, abschmecken, dazu Nudeln und fertig!

105. Edles Kalbfleisch

Fleisch von Kälbern ist magerer als Stücke von ausgewachsenen Rindern.

- Kalbfleisch enthält etwa ein Drittel weniger Fett und ist viel zarter. Garzeit und Zubereitungsweisen ähneln denen von Geflügel.
- Fleisch von Milchkälbern ist etwas ganz Besonderes. Es ist hellrosa, kaum marmoriert und hat feine Sehnen.
- Dunkleres Fleisch von Kälbern, die schon Gras gefressen haben, ist preiswerter, aber immer noch sehr zart, sofern das Kalb nicht älter als drei Monate war. Fragen Sie den Metzger danach.

106. Geflügel – frisch oder gefroren?

Tiefgefrorenes Geflügel ist praktisch, aber wie taut man es am besten auf?

- Bei Hähnchen und anderen kleinen Vögeln ist Tiefkühlware sinnvoll. Sie taut im Kühlschrank über Nacht oder in kurzer Zeit in der Mikrowelle auf.
- Ein großer Vogel wie ein Puter oder eine Gans taut im Kühlschrank nur sehr langsam auf – wenn er überhaupt hineinpasst. In diesem Fall legt man den gefrorenen Vogel samt Verpackung zum Auftauen in ein Gefäß mit kaltem Leitungswasser. Aber auch dann muss man pro Kilo mit zwei Stunden Auftauzeit rechnen.

107. Schnell ins Eis?

Muss ein frisches Hähnchen sofort eingefroren werden? Nein, wenn Sie planen, es bald zuzubereiten.

- Frisches Geflügel kann im Kühlschrank zwei Tage aufbewahrt werden. Aber gut einpacken und abdecken, damit kein Tropfen auf andere Lebensmittel gerät. Mit Salmonellen ist nicht zu spaßen.
- Soll es länger aufbewahrt werden, frieren Sie es ein – bis zu einem halben Jahr.
- Wer mag, kann das Fleisch vor dem Einfrieren marinieren (*siehe Tipp 103*).

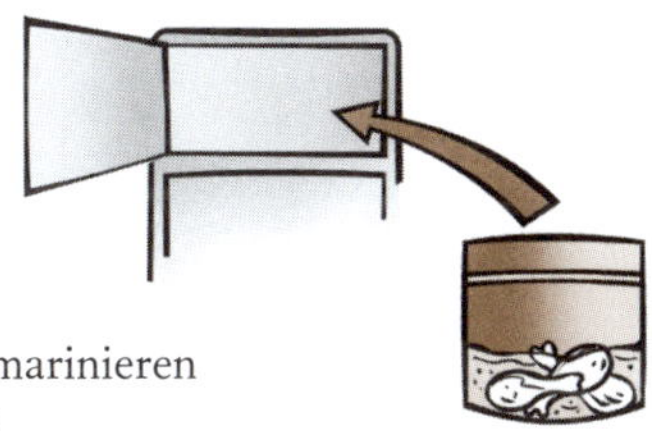

■ Aus dem Meer

108. Fester Fisch

Verlassen Sie sich beim Kauf von Fisch auf Augen, Nase und Daumen.

- Frischer Fisch riecht würzig-salzig nach Meer – aber auf keinen Fall „fischig".
- Lässt sich der Geruch nicht prüfen, schauen Sie Augen und Schuppen genau an. Lockere Schuppen, kahle Stellen und struppige Flossen zeigen, dass der Fisch nicht frisch ist. Die Kiemen sollten leuchtend rot sein, die Augen klar, nicht milchig.
- Frisches Fischfilet glänzt und fühlt sich fest, feucht und prall an, aber nicht weich, matschig oder schwammig.

109. Lieber aus der Truhe

Wenn der Frischfisch nicht überzeugend aussieht und riecht, gehen Sie lieber in der Kühltruhe auf Fang.

- Kaufen Sie möglichst Fisch, der direkt auf dem Fangschiff verarbeitet und tiefgefroren wurde. Meist steht ein Hinweis auf der Verpackung.

110. Haltbarkeit im Eis

Die Haltbarkeit von Tiefkühlfisch hängt von seinem Fettgehalt ab.

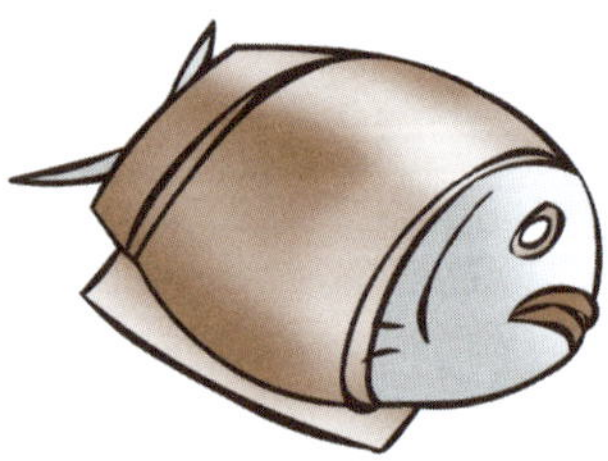

- Magerer Fisch hält sich länger. Fetthaltige Fische können etwa drei Monate eingefroren werden, ihre mageren Verwandten etwa doppelt so lange.
- Ganze Fische halten sich länger als geschnittene Stücke.
- Fisch nicht länger als einen Tag im Kühlschrank aufbewahren.
- Auch „küchenfertig" gekauften Fisch zu Hause sofort waschen, trocken tupfen, in Pergamentpapier wickeln und erst dann in Gefrierbeuteln einfrieren.

111. Schale auf, Schale zu?

Ob die Schale offen oder geschlossen ist, sagt wenig über die Frische von Muscheln aus. Die Frage ist nämlich, warum die Schale offen oder geschlossen ist. Der Zeitpunkt entscheidet.

- Haben Sie frische Muscheln gekauft? Klopfen Sie gegen die Schale. Wenn sie sich sofort schließt, lebt das Tier im Inneren und kann verzehrt werden.
- Nach dem Kochen die Muscheln nochmals durchsehen und dann alle aussortieren, die noch geschlossen sind.

Gewürze und Kräuter

112. Gewürzlabor

Einheitliche Gewürzgläser sehen schön aus, aber man erkennt nicht, was die Gläser in der hinteren Reihe erhalten. Alle sehen gleich aus, und dauernd muss man die Gläser in der ersten Reihe verschieben.

- Stellen Sie die Gewürzgläser nicht auf ein Bord über dem Herd, sondern in eine flache Schublade.
- Dort halten sich die Gewürze länger, weil sie keiner aufsteigenden Hitze vom Herd ausgesetzt sind.
- Etiketten nicht auf die Gläser kleben, sondern auf die Deckel.

113. Lange Kräuter ins Wasser

Sie haben ein Bund Kräuter gekauft und brauchen nicht alles sofort?

- Kräuter mit Wurzeln oder langen Stielen, z. B. Basilikum, Koriander oder Dill, halten sich in einem Glas mit Wasser einige Tage auf einer kühlen Arbeitsfläche oder in der Kühlschranktür.
- Zwei Finger hoch Wasser in ein Glas geben. Die unteren Blätter abzupfen und die Kräuter ins Wasser stellen.
- Einen Plastikbeutel darüberstülpen und am Glasrand mit einem Gummiring befestigen, um die Verdunstung zu reduzieren.

114. Kurze Kräuter einpacken

Frische Kräuter mit kurzen Stielen oder Blätter (z. B. Salbei) kann man nicht wie Blumen in Wasser stellen. Aber sie werden im Kühlschrank schnell welken, wenn man sie nicht einwickelt, um sie frisch zu halten.

- Ein Stück Käseleinen oder ein Geschirrtuch mit kaltem Wasser anfeuchten.
- Einige Blätter oder Stiele auf ein Ende legen und das Tuch locker aufrollen.
- In den Kühlschrank legen und binnen zwei bis drei Tagen verbrauchen.

115. Selbst trocknen

Wer frische Kräuter mit Stielen kauft, kann sie auch selbst trocknen.

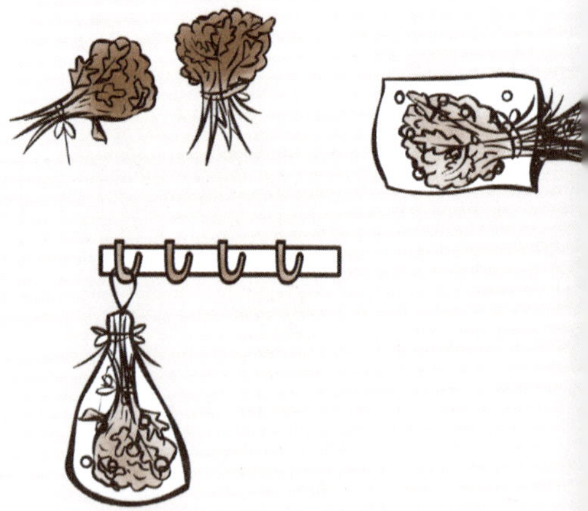

- Die Stiele zu lockeren Sträußen bündeln.
- Die „Köpfe" in perforierte Papiertüten stecken, um sie vor Licht und Staub zu schützen. Eine Schlaufe zum Aufhängen an die Stiele binden.
- An einem luftigen, schattigen Platz zwei bis drei Wochen trocknen lassen.
- Die ganzen Bündel in großen Dosen aufbewahren oder die Blätter abstreifen, in Gefrierbeutel oder Schraubgläser füllen.

116. Rösten und zerreiben

Gewürze wie Kreuzkümmel, Koriander, Chili und Kardamom sowie holzige Kräuter geben mehr Aroma ab, wenn man sie ohne Fett im Ganzen anröstet und dann im Mörser zerkleinert.

- Immer erst unmittelbar vor der Verwendung zerstoßen.

117. Lieber nicht trocknen

Man kann diese Kräuter getrocknet kaufen, aber frisch schmecken sie entschieden besser:

- Basilikum
- Schnittlauch
- Dill
- Petersilie
- Koriander

118. Getrocknet mindestens so gut

Manche Kräuter schmecken getrocknet mindestens so gut wie frisch und kosten obendrein weniger:

- Oregano
- Thymian
- Minze (aber nicht zu lange aufbewahren)

119. Pikante grüne Körner

Weißer Pfeffer ist bekanntlich milder als schwarzer. Und frische grüne Pfefferkörner schmecken noch milder.

- Lecker als Zutat zur Würzmischung für Pfeffersteak.
- Ausgezeichnet zu feinen Gerichten, z. B. fangfrischem Fisch.

121. Vergängliche Schärfe

Die Schärfe von geriebenem Meerrettich verfliegt relativ schnell.

- Innerhalb weniger Monate verbrauchen.

120. Feurige Chili

Chilisaucen und -pasten halten sich länger als gemahlene Chillies.

- Chilipulver verliert nicht an Schärfe, wird aber muffig und kann verderben.
- Kaufen Sie keine zu großen Vorräte ein.
- Gut verschlossen an einem kühlen, trockenen Platz aufbewahren, aber nicht im Kühlschrank.
- Ganze, getrocknete Chillies hingegen können gut in der Sonne liegen.
- Sie bauen selbst an? Chillies brauchen viel Sonne, also raus aus dem Schatten. An trüben Tagen nicht zu viel gießen.

122. Kardamom im Großformat

Im Handel findet man meist hellgrüne Kardamomkapseln. Für einige Gerichte sollten Sie aber versuchen, die größeren, getrockneten schwarzen Kapseln zu bekommen.

- Leicht süßlichen Gerichten bekommt das kräftigere Aroma dieses Gewürzes gut.
- Nur die zerstoßenen Samen verwenden.
- Lecker zu Currys mit Kokos, Kürbiseintopf, Karotten und Pastinaken aus dem Ofen, Milchreis und sogar Schokoladendesserts.
- Auch beliebt zum Erfrischen des Gaumens nach der Mahlzeit. Servieren Sie nach dem Essen einen Kaffee und brechen Sie einige Kapseln so auf, dass man die Samen sieht.

123. Samen und Nüsse kühlen

Sesamsaat und -öl werden in der asiatischen Küche oft verwendet.

- Sesam verdirbt schnell und sollte im Kühlschrank aufbewahrt werden.
- Das gilt auch für Erdnüsse und Pinienkerne, sofern sie nicht geröstet sind.

124. Einfach nur Essig

Im Gegensatz zu manchen anderen Würzzutaten ist Essig recht preiswert. Bevor Sie viel Geld ausgeben, prüfen Sie, ob Sie vielleicht nur für die schicke Verpackung bezahlen.

- Enthält der Essig besondere Zutaten, z.B. exotische Früchte (aber nicht gewöhnliche Kräuter)?
- Sind ungewöhnliche Zutaten mit kurzer Saison enthalten, z. B. Himbeeren?
- Ist er lange gereift? Das gilt nur für Balsamico, der in Fässern aus Eiche, Kirsche, Esche, Kastanie oder anderem Holz gelagert wird.
- Der Essig, den Sie für ein Rezept brauchen, ist nicht zu bekommen? Meist genügt ersatzweise ein zusätzlicher Spritzer Zitronensaft oder Traubensaft (statt Weinessig) oder Apfelsaft (statt Apfelessig).

125. Guter Tropfen

Sie müssen für eine Fleischsauce keinen Châteauneuf-du-Pape anbrechen. Aber man gibt Wein wegen seines Geschmacks an ein Gericht (und der wird intensiver, wenn der Alkohol verdunstet). Also wählen Sie einen ordentlichen Wein aus.

- Kochen Sie nur mit Wein, den Sie auch trinken würden.

126. Süße Sachen

- Brauner Zucker macht Kuchen herrlich saftig. Er verklumpt aber auch leicht, was sich durch ein Stück trockenes Brot oder Küchenpapier in der Zuckerdose vermeiden lässt.
- Zuckerrübensirup? Noch saftiger, aber nicht luftig und locker.
- Weißer Raffinadezucker ist ideal für luftige Soufflés, schaumige Saucen und Biskuit.
- Puderzucker löst sich schnell auf, darum kann er auch in kalte Speisen eingerührt werden und knirscht dann nicht.
- Je dunkler der Zucker, desto intensiver ist der Geschmack. Weißer Zucker empfiehlt sich für feine und helle Speisen. Das Bouquet eines edlen Darjeeling-Tees würde durch braunen Zucker glatt erschlagen.

■ Regional, saisonal, bio – logisch!

127. Saisonale Spezialitäten

Im Supermarkt kann man heute jederzeit fast jedes Obst und Gemüse kaufen, unabhängig von Klima oder Jahreszeit.

Manche Produkte schmecken aber am besten, wenn sie in der Saison am Ort geerntet werden. Und die Umwelt profitiert davon auch.

128. Frühlingsfreuden

- Artischocken
- Spargel
- Erbsen
- Frühlingszwiebeln
- Früher Blattsalat
- Rhabarber

129. Sommerspezialitäten

- Bohnen – dicke und grüne
- Mais
- Gurken
- Okras
- Zucchini und andere Sommerkürbisse
- Tomaten
- Paprika
- Feigen
- Mangos
- Papaya
- Steinobst: Kirschen, Aprikosen, Pfirsiche, Pflaumen und Nektarinen
- Beeren: zuerst Erdbeeren, dann Himbeeren, später Stachelbeeren, Johannisbeeren, Brombeeren und Heidelbeeren
- Kohlrabi
- Rote Bete

130. Herbsternte

- Porree
- Pastinaken
- Süßkartoffeln
- Rüben und Steckrüben
- Winterkürbis
- Äpfel
- Preiselbeeren
- Birnen
- Weintrauben
- Granatäpfel
- Fenchel

131. Köstlich im Winter

- Rosenkohl
- Orangen, Mandarinen und Grapefruit
- Kumquats
- Kokosnüsse

132. Wenig Schadstoffe

Wenn Bio-Produkte nicht erhältlich oder sehr teuer sind, sollten Sie wissen, wo Zugeständnisse sinnvoll sind.

- Früchte mit dicker Schale, die auf jeden Fall entfernt wird (Clementinen, Satsumas, Kiwis, Bananen), enthalten im essbaren Fruchtfleisch weniger Pestizide als dünnschalige Früchte (Äpfel).
- Prägen Sie sich die oft belasteten Arten (*siehe Tipp 133*) ein.
- Fetthaltige Nüsse, selbst wenn sie geschält werden, enthalten meist relativ viele chemische Rückstände.
- Verwenden Sie zum Abreiben der Schale nur Bio-Zitronen oder -Orangen.

133. Höhere Belastung

Die folgenden Früchte werden besonders häufig mit Pestiziden behandelt oder bauen sie nur langsam ab. Hier ist Bio-Ware empfehlenswert.

- Pfirsiche und anderes Steinobst (Kirschen, Aprikosen, Nektarinen, Pflaumen), frisch und getrocknet
- Beeren (Erdbeeren, Himbeeren)
- Äpfel und Birnen
- Weintrauben, Rosinen und Sultaninen
- Zitronen und Limetten (weil man Spalten meist mit Schale schneidet)
- Tomaten
- Kartoffeln
- Stangensellerie, Blattgemüse, Kopfsalate, Spinat
- Gurken
- Paprika und Peperoni
- Busch- und Stangenbohnen
- Karotten
- Zucchini und andere Kürbisgewächse
- Pilze

134. Äußerlichkeiten?

Wer Bio-Ware kauft, muss damit rechnen, dass Obst und Gemüse nicht ganz so schön aussehen wie Standardprodukte.

- Die Früchte sind äußerlich selten makellos.
- Biologisch angebaute Gemüsesorten sind nicht unbedingt gleichmäßig geformt, manchmal kleiner und haben keine so glänzende Schale wie konventionell angebaute Sorten. Bei deren Anbau wird auf Äußerlichkeiten mehr Wert gelegt, manche sind genetisch verändert oder oberflächenbehandelt, damit sie attraktiver aussehen.
- Löcher im Blattgemüse? Keine Panik, einfach gründlich waschen und richtig zubereiten. Auch einen Apfel mit Wurmloch kann man problemlos essen, wenn man ihn vorher aufschneidet und die beschädigte Stelle entfernt.

135. Finger weg

Bio oder nicht: Bei diesen Warnzeichen sollten Sie nicht zugreifen.

- In reifen Tomaten und weichen Früchten befinden sich manchmal Eier von Parasiten, die man an weißen oder gelblichen Sprenkeln auf der Schale erkennt. Liegen lassen!
- Früchte mit erkennbaren Druckstellen und verletzter Schale meiden (*aber siehe Tipp 74*).

Grundtechniken und wichtige Vorräte

In diesem Kapitel finden Sie Tipps für Speisevorbereitungen, die Ihnen Zeit und Mühe sparen, sowie Vorschläge für die Vorratshaltung und zum Austauschen von Zutaten.

Obst und Gemüse vorbereiten

136. Ausgeweint

Schluss mit Tränen beim Zwiebelschneiden.

- Die Zwiebeln halbieren und in eine Schüssel mit kaltem Wasser legen. Fünf Minuten warten, dann erst pellen (die nasse Schale lässt sich jetzt leicht abziehen) und in Ringe oder Würfel schneiden.
- Keine Zeit zum Einweichen? Dann genügt es auch, die Zwiebeln unter kaltem Wasser abzuspülen.

137. Schalotten pellen

So klein Schalotten sind, so sehr können sie „zu Tränen rühren".

- Spitze und Wurzelende abschneiden, dann die Schalotten in kochendes Wasser legen.
- Nach einer Minute abgießen.
- Jetzt gleiten sie bei leichtem Fingerdruck aus der Schale.

138. Saubere Avocadoscheiben

Weiche Avocados werden beim Schneiden leicht zerdrückt, vor allem wenn man sie zunächst schält.

Die Avocado halbieren und in der Schale in Scheiben schneiden (sie bleibt intakt, wenn Sie behutsam vorgehen und das Messer sehr scharf ist). Das Endstück mit einem Löffel herauslösen. Die anderen Scheiben lassen sich jetzt mit der stumpfen Seite eines Küchenmessers leicht lösen.

139. Ingwer schälen ohne Messer

Wegen der buckeligen Form und der dünnen, papierartigen Haut lässt sich Ingwer mit einem Küchenmesser nur mit viel unnötigem Abfall schälen.

Nehmen Sie lieber einen Teelöffel. Mit der abgerundeten Kante kommen Sie auch in die Nischen der Ingwerwurzel.

140. Kartoffelbad

Wenn Sie sehr viele Kartoffeln zu schälen haben, stellen Sie eine große Schüssel mit kaltem Wasser bereit.

- Die geschälten und eventuell klein geschnittenen Kartoffeln gleich ins Wasser legen, damit sie sich nicht verfärben.

142. Riffelchips

Haben Sie eine Reibe mit Wellenschliff? Dann können Sie Riffelchips schneiden.

- Die erste Scheibe wegwerfen, damit die Kartoffel eine geriffelte Schnittfläche bekommt.
- Für die nächste Scheibe die Kartoffel im rechten Winkel drehen. So entsteht ein durchbrochenes Gittermuster.
- Für jeden weiteren Schnitt die Kartoffel wieder um 90° drehen.
- Die Scheiben abspülen, um die Stärke zu entfernen. Vor dem Frittieren gut mit Küchenpapier abtrocknen.

141. Raspeln mit Schale

Schälen Sie nur, wenn es unbedingt sein muss.

- Kartoffeln, Süßkartoffeln und Karotten, die geraspelt werden sollen, brauchen Sie gar nicht zu schälen, sondern nur abzubürsten.
- Die Schale stört nicht, sondern gibt Rösti, Kartoffelpuffern oder Karottenkuchen etwas mehr Biss.

143. Okra im Ganzen

Der Saft von Okras dient in Gumbo als Verdickungsmittel. Er sorgt aber auch dafür, dass klein geschnittene Okras schwierig zuzubereiten sind, weil sie klebrig werden, ehe sie knusprig sind (ausgenommen in der Fritteuse). Kleine, zarte Okras sollten Sie darum im Ganzen garen, damit sie saftig bleiben.

- Das Stielende vorsichtig abschneiden – aber nicht bis ins hohle Innere. So tritt kein Saft aus.
- Falls nötig, auch die Spitze am anderen Ende abschneiden.

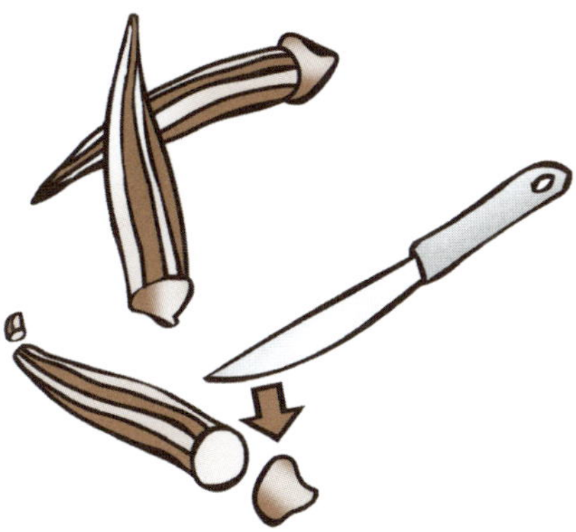

144. Kernlose Paprika

Die schnellste Methode, eine Paprika zu entkernen:

- Senkrecht in den natürlichen Rillen beiderseits des Stiels aufschneiden.
- Die Hälften vorsichtig auseinanderdrehen. Das Innere mit den Kernen bleibt an einer Hälfte hängen.
- Stiel und Samenbündel mit den Fingern festhalten und vorsichtig hin- und herbewegen, damit es sich löst.
- Die Hälften mit der Schnittfläche nach unten aufs Schneidebrett legen und leicht daraufklopfen, damit die letzten Samen herausfallen.
- Zum Schluss die weißen Innenrippen mit einem Küchenmesser herausschneiden.

145. Kürbis schälen

Wenn Kürbis für einen Eintopf oder zum Grillen geschält und gewürfelt werden muss, schneiden Sie ihn zuerst grob in Stücke.

- Ob es ein „Gelber Zentner“ oder ein schlanker Butternut-Kürbis ist: Schneiden Sie ihn zuerst in Scheiben – möglichst quer, sodass die Kerne in der Mitte der Scheiben liegen.
- Große Kürbisse können Sie in Spalten schneiden.
- Nun die Scheiben oder Spalten flach hinlegen und schälen.
- Die Scheiben halbieren und die Kerne entfernen. Dann würfeln.

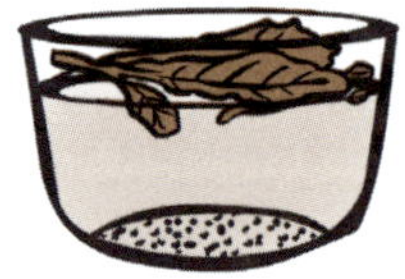

146. Gemüse waschen

Sie wollen Kopfsalat oder Blattgemüse waschen?

- Lieber nicht im Durchschlag. Schmutzpartikel, die durch das spritzende Wasser gelöst werden, lagern sich leicht wieder zwischen den Blättern ab.
- Eine große Schüssel mit Wasser füllen, die Blätter hineinlegen und mit der Hand hin- und herbewegen.
- Mit den Händen herausnehmen und das Wasser ausgießen – der Schmutz hat sich am Boden abgelagert. Zweimal wiederholen.
- In einer Salatschleuder trocken schleudern. (Sie können die Blätter auch von Hand abschütteln und einzeln trocken tupfen, aber das dauert viel länger.)

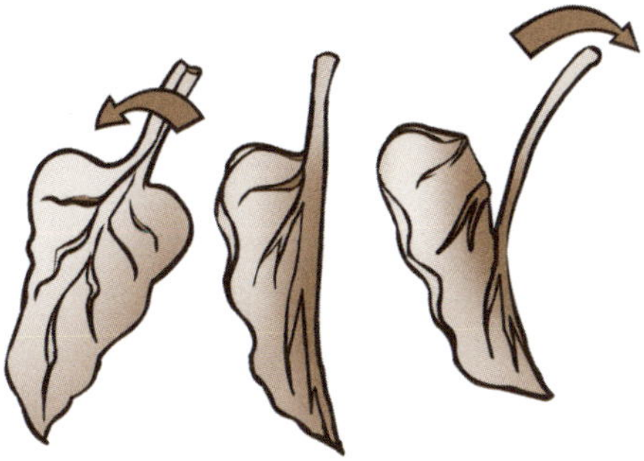

147. Blattrippen entfernen

Von Blattgemüse muss oft die harte Mittelrippe entfernt werden. Bei Spinat, Ampfer, Senf- und Grünkohl lässt sich das in einem Zug erledigen.

- Das Blatt in Verlängerung der Mittelrippe zusammenfalten, die glänzende Oberseite liegt innen.
- Die Blattränder festhalten, die Mittelrippe zeigt nach oben.
- Das Stielende anfassen und die Mittelrippe mit einem Zug vom Blatt abreißen.
- Spröde Stiele von Salat abschneiden, ehe Sie die Blätter in Stücke zupfen.

148. Schöne Seite nach oben

Bei festen Köpfen von Salat, Endivien und Kohl enthalten die äußeren Blätter mehr Nährstoffe, weil sie mehr Sonne bekommen haben.

- Verwenden Sie die äußeren Blätter unbedingt, sofern sie glatt, glänzend und unbeschädigt sind.
- Der Strunk von Endivien und Chicorée kann jedoch bitter sein. Vor dem Zerkleinern der Blätter entfernen.

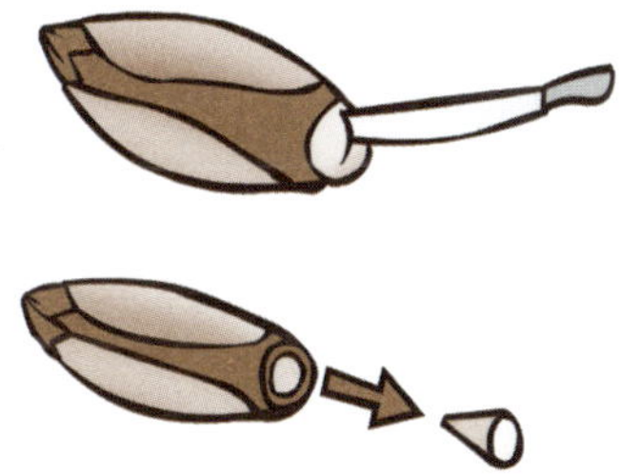

149. Strünke sind kein Abfall

So bereiten Sie Kohl vor:

- Schneiden Sie aus Kohlköpfen den Strunk heraus und raspeln Sie ihn. Vor den Blättern in den Topf geben, denn er hat eine längere Garzeit.
- Blumenkohlstrünke sind härter, aber man kann den zarten Teil in Scheiben schneiden und mit den Röschen garen.
- Brokkolistrünke haben eine harte Schale, die man abschälen muss. Dann die Stücke tief einschneiden, damit sie schneller gar werden.
- Rosenkohl am Strunk kreuzweise einschneiden.

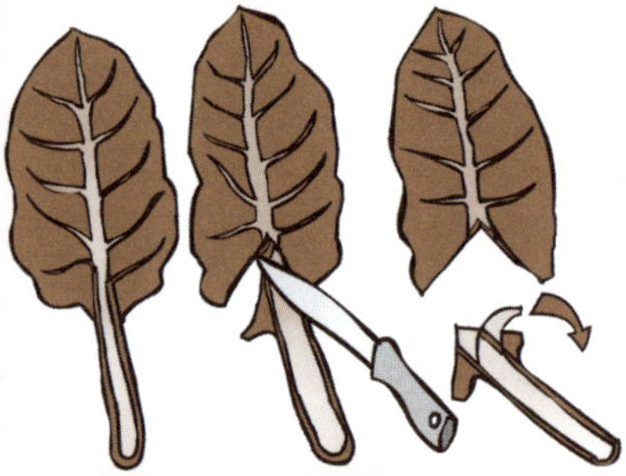

150. Mangold putzen

Die Stiele von Mangold haben eine zähe, durchsichtige Haut, auf der das Messer leicht abrutscht. Gehen Sie wie folgt vor, damit Sie sich nicht verletzen:

- Jedes Blatt flach ausbreiten, die gewölbte Seite des Stiels zeigt nach oben. An der Blattspreite v-förmig einschneiden, um den Großteil des Stiels zu entfernen.
- Die Spitze des Stiels einschneiden. An der gelösten Spitze anfassen und die Haut abziehen.
- Jetzt den Stiel in Stücke schneiden und kochen.

151. Gefüllte Weinblätter

Weinblätter mit Reisfüllung oder würzig gefüllte Kohlblätter schmecken gut. So fallen sie nicht auseinander:

- Einen Löffel voll Füllung auf den unteren Teil des Blatts setzen.
- Die Unterkante des Blatts über die Füllung schlagen, dann die Seiten nach innen falten.
- Von unten nach oben aufrollen.
- Mit der „Naht" nach unten garen.

152. Maisblatt-päckchen

In Maisblätter lassen sich leckere Füllungen noch einfacher einwickeln als in Wein- und Kohlblätter (*siehe Tipp 151*). Man braucht sie nicht einmal zuzubinden.

- Zwei vorgekochte Maishüllblätter kreuzweise aufeinanderlegen.
- Die Füllung in die Mitte platzieren.
- Zuerst das untere Blatt überschlagen, dann das andere Blatt.
- Mit der „Naht“ nach unten garen.

■ Eiszeit

153. Blitz-Sorbet

Ein erfrischendes Sorbet schmeckt jedem und ist so einfach in der Zubereitung, dass man es immer im Eisfach haben sollte. Das einzige Problem besteht darin, es nicht gleich aufzuessen.

- Jeder Saft lässt sich süßen und einfrieren. Für ein Zitrus-, Beeren- oder Traubensorbet einen Sirup aus 200 g Zucker und 300 ml Wasser zubereiten und diesen mit 600 ml reinen Saft mischen.
- Saft von süßeren Früchten wie Pfirsichen einfach nach Geschmack verdünnen.
- Gefrieren lassen und geschabt als Granita servieren oder für ein glatteres Sorbet halbfest gefrieren und durchrühren.
- Cremiger wird das Sorbet, wenn Sie nach dem erneuten Einfrieren ein steif geschlagenes Eiweiß unterrühren.
- Dabei können Sie auch gehackte Früchte, Kräuter oder abgeriebene Zitrusschale einrühren, aber mit Augenmaß.

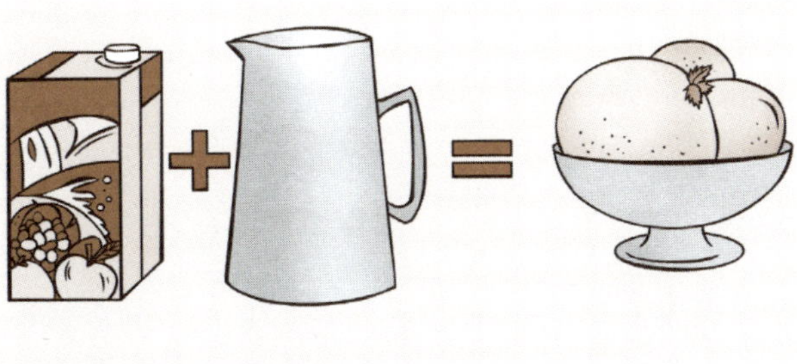

154. Schnelle Sauce zu gefüllten Nudeln

- Frisch gegarte Ravioli schmecken köstlich mit Kräuterbutter (*siehe Tipp 190*).
- Kurz gedünsteten (nicht gebräunten) Knoblauch und frische Kräuter, die gerade zur Hand sind, unter weiche Butter rühren.
- Nach Belieben mit gehackten, sonnengetrockneten Tomaten bestreuen.

Für den Vorrat

155. Likör aus Vorräten

Die Zutaten für einen Likör „à la maison" haben Sie gewiss immer im Haus. Er hält sich etwa drei Monate lang.

- 700 g gefrorene Heidelbeeren, Himbeeren oder Johannisbeeren auftauen und mit einer Gabel zerdrücken.
- Mit einer Flasche Weißwein aufgießen.
- Mit Frischhaltefolie abdecken und drei Tage im Kühlschrank durchziehen lassen.
- Mit 500 g Zucker süßen und nach Geschmack mit Cointreau oder Crème de Menthe aromatisieren.
- Durchfiltern und in Flaschen füllen. Eine Woche lang ziehen lassen.
- Gekühlt in Schnapsgläsern servieren oder mit Sekt auffüllen.

156. Melone für den Winter

Natürlich kann man mit Geschmackszutaten experimentieren, aber für eine gute Konfitüre braucht man nur Früchte und Zucker. Melonenkonfitüre ist schnell gekocht.

- Melonenfruchtfleisch würfeln. Alle Sorten außer Wassermelone sind geeignet.
- In eine flache Schüssel geben und mit Zucker bedecken.
- Über Nacht in den Kühlschrank stellen.
- Am nächsten Morgen ist eine weiche Masse entstanden. Wenn sie zu flüssig ist, einfach so lange köcheln, bis sie eindickt. Heiß in Gläser füllen.

157. Vielseitige Aprikosen

Trockenaprikosen – nicht saftig-essfertige, sondern die eher ledrige Sorte – halten sich erstaunlich lange. Da erblassen sogar Dörrpflaumen vor Neid.

- Mit heißem Wasser bedecken und mit etwas Sternanis würzen.
- Über Nacht quellen lassen. Am Morgen sind die Früchte prall und weich.
- Steine entfernen (sofern noch vorhanden) und die Früchte mit wenig Einweichflüssigkeit zu einer dicken Paste pürieren.
- In ein Glas füllen und zu Brot und Käse servieren.

158. Schnelle Mayonnaise

Selbst gemachte Mayonnaise schmeckt besser als alles, was man kaufen kann. Beachten Sie drei Grundregeln.

- Alle Zutaten (ein Eigelb, ein Teelöffel Senf, ein Viertel Liter Öl) müssen niedrige Zimmertemperatur haben. Sind sie zu kalt oder zu warm, kann die Mayonnaise gerinnen.
- Das Öl unter ständigem Rühren in dünnem, gleichmäßigem Strahl zugießen. Dann mit etwas Zitronensaft oder Essig, Salz und Pfeffer würzen.
- Gerinnt die Mayonnaise trotzdem, einen Teelöffel kaltes Wasser zufügen und nochmals aufschlagen. Alternativ ein weiteres Eigelb einrühren.

159. Vanille für alle Fälle

Vanillestangen sind nicht ganz billig, aber sie halten lange und sind sehr vielseitig.

- Nach dem Herausschaben des Marks (z. B. für Pudding) die Stangen halbieren und in ein Schraubglas mit Zucker stecken. Sie geben mehrere Monate lang ihr Aroma an den Zucker ab.
- Selbst danach kann man sie noch verwerten: Einfach mit etwas Zucker im Mixer sehr fein zerkleinern – fertig ist dunkel gesprenkelter Vanillezucker.
- Die erste Sorte eignet sich zum zarten Aromatisieren. Auf Obst streuen oder in den Kaffee rühren.
- Die zweite Sorte schmeckt kräftiger – sehr gut für Pfannkuchen- und Rührteig. Die dunklen Sprenkel sehen dem ausgeschabten Mark sehr ähnlich.

160. Kräuter trocknen auf die Schnelle

Kräuter kann man sehr gut in der Mikrowelle trocknen.

Die Kräuter waschen und mit einem Geschirrtuch trocken tupfen.
Zwischen zwei Lagen festes Küchenpapier legen und auf hoher Stufe in der Mikrowelle erhitzen, bis sie trocken sind. Nach jeder Minute wenden.
Bei dieser Methode behalten die Kräuter ihre Farbe und werden nicht so matt wie bei der Lufttrocknung.

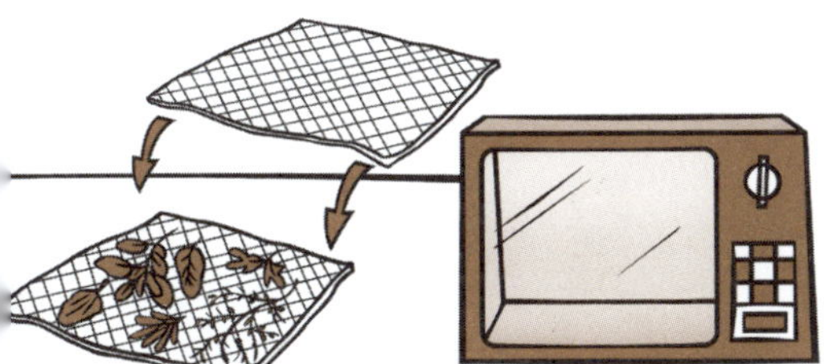

161. Essigvielfalt

Würzessig können Sie leicht selbst machen.

- Reisessig mit asiatischen Kräutern würzen (Zitronengras, Galgant, Thai-Basilikum). Zu Weißweinessig passen europäische Kräuter und zu Apfelessig pikante Gewürze.
- Auf 300 ml Essig geben Sie eine Handvoll Kräuter oder zwei Esslöffel grob zerstoßene Gewürze.
- Kräftige Würzzutaten (Ingwer, Basilikum) eine Woche im Essig ziehen lassen, mildere Kräuter (Majoran, Estragon) brauchen zwei Wochen.
- Durchfiltern und in sterilisierte Flaschen füllen. Ein paar Kräuter oder Gewürze zufügen, damit man die Sorte erkennt.
- Binnen sechs Monaten verbrauchen.
- Essig mit „fleischigen“ Zutaten (Chili, Ingwer, Zitronengras) im Kühlschrank aufbewahren. Anderer Würzessig kann in einem dunklen Schrank stehen.

162. Aromatische Öle

Einfach selbst aufsetzen:

- Raffiniertes Olivenöl und Rapsöl eignen sich als Grundlage am besten.
- Aromatisiert wird mit Gewürzen, Samen, Nüssen, Kräutern, Zwiebeln, Knoblauch oder Wildpilzen.
- Getrocknete Zutaten verwenden, denn die Feuchtigkeit in frischen Zutaten begünstigt das Verderben.
- Auf 500 ml Öl rechnet man zwei Esslöffel kräftige oder vier Esslöffel milde Würzzutaten.
- Im Backofen 1 Stunde 40 Minuten bei 150 °C erhitzen. Das Öl muss eine Temperatur von 120°C erreichen.
- In Flaschen filtern. Zwischen Öl und Verschluss sollte sich möglichst wenig Luft befinden.
- Innerhalb eines Monats verbrauchen.
- Mit Angelikawurzel, Vanille, Zitronenschale, Fenchel, Safran oder Nüssen aromatisierte Öle passen gut zu Desserts.

163. Gewürzschnaps

Nicht nur Essig (*siehe Tipp 161*) kann man mit verschiedenen Geschmackszutaten aufpeppen. Auch Hochprozentiges eignet sich zum Aufsetzen.

- Mischen Sie eine Flasche Wodka mit einer Handvoll Gewürzen oder Kräutern oder auch ein paar Früchten (Beeren verleihen eine schöne Farbe).
- Mindestens zwei Wochen durchziehen lassen.
- Die Aromazutaten bleichen allmählich aus. Nach dem Durchziehen abfiltern und wenige frische Würzzutaten zufügen.
- Kühl aufbewahren und das zähflüssige Getränk eiskalt in Schnapsgläsern servieren.
- Für die Optik: Die Glasränder anfeuchten und in passend aromatisierten Zucker oder gewürztes Salz tauchen (Vanilleschnaps mit Zimtzucker-Rand, Chili-Wodka mit Selleriesalz, Zitronenwodka mit Pfeffer).
- Weinbrand, Rum und andere Spirituosen können ebenso veredelt werden.

164. Pannenhilfe

Beim Ansetzen von aromatisiertem Essig, Öl oder Schnaps können einige Pannen passieren.

- Öl kann trübe werden, wenn eine Würzzutat Wasser enthält. In einen Topf gießen und erhitzen, bis es wieder klar ist. Wieder in Flaschen füllen und erneut würzen.
- Viele Würzzutaten schwimmen auf und setzen sich im Flaschenhals ab. Wird Flüssigkeit verbraucht, ragen längere Kräuterstiele bald heraus. Durch Luftkontakt können sie schimmeln. Darum den Flascheninhalt binnen einer Woche nach dem Öffnen verbrauchen oder Öl nachfüllen, bis die Zutaten wieder bedeckt sind. Dadurch wird der Geschmack etwas schwächer, doch wenn Sie die Flüssigkeit langsam verbrauchen, nimmt die Basis bald wieder mehr Aroma an.

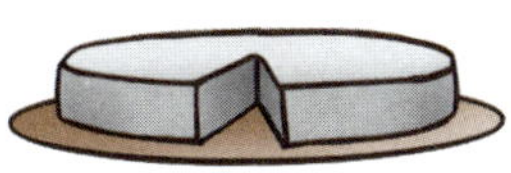

165. Spezialzucker (oder Salz)

Möchten Sie einmal Zucker oder Salz mit anderen Zutaten veredeln?

- Meersalz oder Zucker mit Würzzutaten wie Pfeffer, Knoblauch, Zitronenschale oder Vanille im Mixer fein zerhacken.
- Milder ist das Aroma, wenn Sie Würzzutaten (Vanille, Knoblauch, Chillies, Sellerie oder Zimt) leicht zerdrücken und in ein Gefäß mit Salz oder Zucker geben. Das Verfahren ist praktisch für große Mengen, etwa Zucker zum Backen oder Salz für eine Kruste um Fleisch oder Fisch.
- Salz und Zucker konservieren die Würzzutaten, sodass Schimmel unwahrscheinlich ist.

■ Küchenhelfer

166. Ölzerstäuber

Mit einem Zerstäuber lässt sich Öl besonders sparsam dosieren.

- Gleiche Mengen Öl und Wasser in eine saubere Zerstäuberflasche geben und gut schütteln.
- Experimentieren Sie mit verschiedenen Ölen und Mischungsverhältnissen, um herauszufinden, was Ihnen am besten schmeckt und womit Sie am liebsten kochen mögen.
- Die Sprühdüse regelmäßig reinigen, damit sie nicht verstopft. Ganz schnell geht es, indem man in Wasser aufgelöstes Backpulver versprüht.

167. Schüchterner Ketchup

Traut sich der Ketchup nicht aus der Flasche?

- Den Deckel zuschrauben und die Flasche kräftig (aber nicht zu fest) mehrmals auf die Arbeitsfläche stoßen.
- Ist der Ketchup eingedickt, schieben Sie einen dicken Trinkhalm mehrmals hinein und heraus. So mischen sich dick- und dünnflüssige Teile, und es dringt Luft ein, die den Pfropfen im Flaschenhals lösen kann.
- Hilft auch das nicht, etwas Öl in die Flasche geben, zuschrauben und schütteln.

168. Fort Knox

Ein Schraubdeckel will sich nicht lösen?

- Sorgen Sie für festen Griff, z. B. indem Sie ein flaches Gummiband um den Deckel spannen. Geht's?
- Das Glas für zehn Minuten in den Kühlschrank stellen, dann heißes Wasser über den Deckel laufen lassen und nochmals probieren.
- Einen kleinen Schraubenzieher vorsichtig zwischen Deckel und Glas schieben, damit Luft eindringen kann. Wird der Deckel dabei beschädigt, ersetzen Sie ihn oder füllen Sie den Glasinhalt um.

■ Schnell und sauber

169. Kochbuchschutz

Kochbücher sind praktisch, bleiben aber nie dort aufgeschlagen, wo das Rezept steht, das man gerade nachkocht.

- Das aufgeschlagene Kochbuch einfach in eine Dokumentenhülle schieben. Sie verhindert, dass ein Luftzug die Seiten umschlägt, und schützt das Buch vor unliebsamen Spritzern.

170. Klebrige Messlöffel

Wollen Sie klebrige Zutaten wie Honig, Sirup, Erdnussbutter oder Konfitüre abmessen?

- Ölen Sie Messlöffel oder Messbecher vorher ein, dann bleiben die Zutaten nicht haften.

171. Gut verpackt

Hände, Backrolle und Arbeitsfläche werden durch fetthaltigen Teig, Marzipan oder Ausrollfondant leicht klebrig und schmierig – es sei denn, Sie packen alles ein.

- Einen großen Gefrierbeutel an zwei Seiten aufschneiden und wie ein Buch aufklappen. Oder zwei Stücke Backpapier zuschneiden.
- Beutel oder Papier auf der Arbeitsfläche ausbreiten. Den Teig mittig auf ein Stück Papier oder eine Seite des Gefrierbeutels legen.
- Das zweite Stück Papier darauflegen oder den Beutel überklappen, sodass der Teig bedeckt ist.
- Jetzt ausrollen. Danach lässt sich der Teig mit Papier oder Plastik leicht von der Arbeitsfläche heben

172. Tröpfchenweise

Verwenden Sie manchmal Aromakonzentrate, Essenzen oder Lebensmittelfarben? Leider gelten Kochbuchangaben nur für bestimmte Produkte. Ein Teelöffel mag für Produkt A stimmen, aber nicht für Produkt B von einem anderen Hersteller.

Geben Sie das Konzentrat tröpfchenweise mit einer Pipette (aus der Apotheke) zu. Umrühren und zwischendurch kontrollieren. So gehen Sie sicher, dass ein Dessert appetitlich hellgrün und nicht grell-monstergrün wird.

173. Schaumschläger

Eine Regel lautet, niemals Speisen in Gefäßen aus reinem Kupfer zuzubereiten, zu garen oder zu servieren. Aber es gibt eine Ausnahme.

- In einer Kupferschüssel mit Rundboden lässt sich Eischnee schnell und mühelos steif schlagen.

174. Wie aus dem Ei gepellt

Beim Pellen heißer, gekochter Eier lösen sich oft Stücke des Eiweiß, und das Ergebnis sieht unordentlich aus.

- Die gekochten Eier sofort in kaltes Wasser legen. Dadurch löst sich die Innenhaut vom Eiweiß, und das Ei lässt sich leicht und sauber pellen.

175. Eiergarnierung

Fein gewürfelte, harte Eier sind eine schöne Garnierung oder Salatzutat. Wenn viele Gäs te bewirtet werden sollen, ist das Würfeln allerdings recht mühsam.

- Verzichten Sie aufs Messer. Drücken Sie die Eier lieber durch ein grobes Metallsieb, wie Sie es zur Durchgießen von Suppen verwenden. So erhalten Sie „Eierstreusel", die auf grünem Gemüse hübsch aussehen.

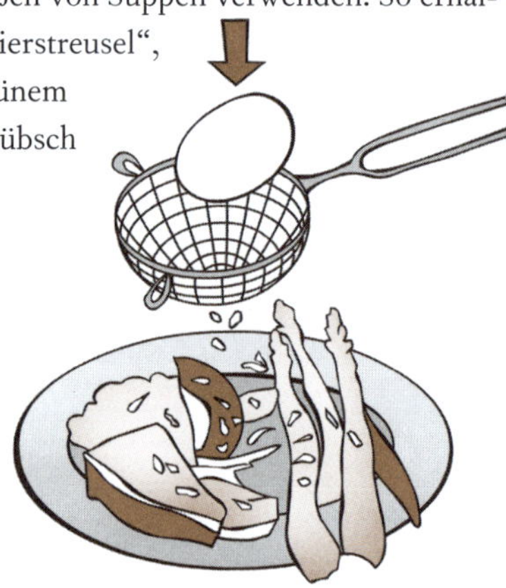

Feine Aromen

176. Saubere Reibe

Eine Kastenreibe gehört in jede Küche. Auf Gemüseschnitzel, die in den Löchern klemmen, würde man dagegen gern verzichten.

- Wenn Sie keine sehr rutschigen Zutaten reiben, sprühen Sie die Reibe mit etwas Öl ein, oder wischen Sie mit einem öligen Stück Küchenpapier darüber.
- Zum gründlichen Reinigen eignet sich eine Zahnbürste besser als eine Spülbürste.

177. Safran einweichen

Safran ist teuer, darum sollte man sparsam damit umgehen.

- Safran niemals ganz oder zerbröselt an ein Gericht geben – es kann bitter werden.
- Einige Safranfäden in warmem Wasser oder Milch – keine Brühe! – zehn Minuten einweichen, dann abgießen.
- Manche Rezepte geben für vier Personen einen halben Teelöffel Safran an. Wer öfter solche Mengen braucht, sollte nach einer günstigen Bezugsquelle forschen.
- Eine gute Adresse sind indische und arabische Lebensmittelgeschäfte, in denen der Safran schneller umgesetzt wird und darum frischer ist.

178. Edler Lorbeer

Ein paar frische Lorbeerblätter können viele Gerichte auf verblüffende Weise aufwerten.

- Die Blätter zwischen Fleischwürfel auf Grillspieße stecken.
- Einige Blätter in Gefäße mit Eiscreme schieben.
- Ein Kranz Lorbeerblätter auf einem Kuchen, der lange durchziehen muss, verstärkt die Aromen winterlicher Gewürze und Trockenfrüchte.

179. Zitrusaroma

Zitronen- und Limettenschalen nach dem Auspressen des Saftes nicht gleich wegwerfen. Man kann sie auf marokkanische Art einlegen. Schmeckt zu Braten und Tajine.

- Den Saft und die ausgepressten Schalen einer Zitrone mit einem Esslöffel Salz in ein Schraubglas geben.
- Weitere Zitronenschalen zufügen und jeweils mit Salz bestreuen.
- Wenn das Glas voll ist, kräftig schütteln und alles knapp mit Oliven- oder Rapsöl bedecken.
- Zwei Wochen durchziehen lassen, dann kann probiert werden.

Pfiffig austauschen

180. Milch und Wasser

Für manche Rezepte muss Kondensmilch auf die Konsistenz von Vollmilch verdünnt werden.

- Mischen Sie Kondensmilch (7,5% Fett) und Wasser im Verhältnis 1:1.

181. Fettarme Sahne

Eine gute Alternative zu Schlagsahne mit vielen Nährstoffen und wenig Fett.

- Einfach eine Dose Kondensmilch aufschlagen. Zügig servieren, denn sie bleibt nicht lange steif.
- Steifer wird die Kondensmilch, wenn sie gut gekühlt ist und in einer gekühlten Metallschüssel aufgeschlagen wird.

182. Pikant mit wenig Salz

Bohnenkraut – sowohl die Sommer- als auch die Wintersorte – ist fast in Vergessenheit geraten. Dabei schmeckt es köstlich! Fragen Sie mal auf dem Markt danach.

- Bohnenkraut ist so herzhaft, dass man es als Ersatz für Salz verwenden kann. Gut für Gesundheitsbewusste.
- Winterbohnenkraut ist recht herb und muss sparsamer dosiert werden als Sommerbohnenkraut.
- Nomen est omen: Bohnenkraut passt hervorragend zu Hülsenfrüchten.

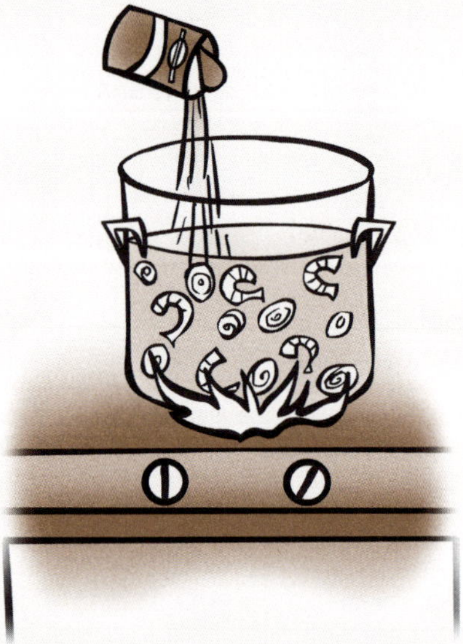

184. Mogelfischfond

Auch Fischfond gehört nicht überall zur Standardausstattung einer Speisekammer.

- Verwenden Sie ersatzweise den Sud aus einer Dose Muscheln. Natürlich können Sie auch gleich die Muscheln mit an Ihr Fischgericht geben.

183. Keine Fischsauce?

Nam Pla, die thailändische Fischsauce, hat man nicht immer im Haus.

- Ersetzen Sie einen Esslöffel Nam Pla durch zwei Teelöffel Sojasauce und einen Teelöffel zerdrückte Sardellenfilets. Schmeckt fast noch besser.

185. Pesto-Spielereien

Gewiss, traditionelles Pesto wird aus Basilikum und Pinienkernen zubereitet. Stattdessen können Sie aber auch alle anderen Kräuter verwenden, die Sie gerade in Haus und Garten haben.

- Die Mischung probieren, ehe Sie Nüsse, Knoblauch und Öl zugeben. Schmeckt sie fade, würzen Sie mit Tapenade oder sonnengetrockneten Tomaten nach. Wer mag, kann auch eine Jalapeño-Chili zugeben.

186. Scharfe Sache

Haben Sie sich je gefragt, in welchem Verhältnis die Schärfe von Tabasco zu ganzen Chillies steht?

- Ein halber Teelöffel rotes Chilipulver durchschnittlicher Schärfe entspricht etwa 16 Tropfen Tabasco. Ein Tropfen entspricht also 1/32 Teelöffel Chilipulver. Das ist nur eine Faustregel, denn Chillies sind je nach Sorte unterschiedlich scharf.

187. Brauner Ersatzzucker

Kein brauner Zucker im Haus – aber vielleicht Zuckerrübensirup (Rübenkraut)?

- Mischen Sie einfach einen Esslöffel Zuckerrübensirup unter 225 g einfachen weißen Zucker, und Sie haben Ersatz für 250 g braunen Zucker.

■ So einfach ist das

188. Kohlenhydrate im Nu

Keine Lust, Kartoffeln zu kochen, und auch kein Brot im Haus? Machen Sie einfach eine Dose weiße oder rote Bohnen auf.

- Bohnenkerne mit rohem Salatgemüse (Tomaten, Zwiebeln, Petersilie) mischen und als Bett für gegrillte Hähnchenbrust verwenden.
- Bohnen sind ein guter Ersatz für Salz- oder Stampfkartoffeln, und in Konsistenz und Geschmack obendrein interessanter.

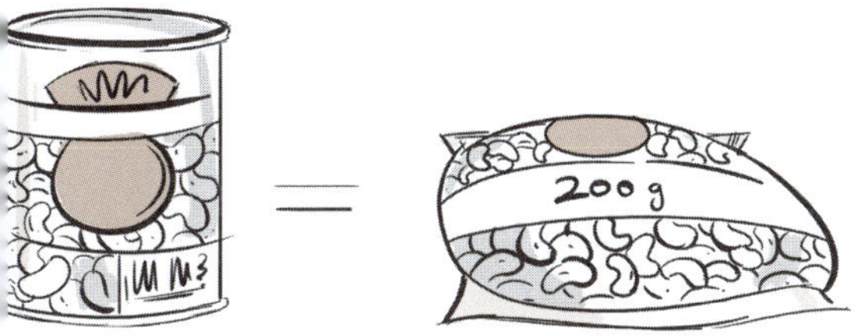

189. Hülsenfrüchte – trocken und aus der Dose

Getrocknete Kichererbsen, weiße und rote Bohnen – eigentlich alle Hülsenfrüchte – können Sie im Verhältnis 1:2 gegen gegarte aus der Dose austauschen.

Sind im Rezept 400 g Bohnen aus der Dose angegeben, weichen Sie reichlich 200 g Trockenbohnen über Nacht ein und kochen Sie sie weich.

190. Blitz-Ravioli

Ravioli kann man auch ohne Nudelmaschine selbst machen, wenn man beim Teig etwas mogelt.

- Anstelle von Nudelteig fertig gekauften Wan-Tan-Teig verwenden. Die Ränder mit etwas Wasser einpinseln, gut zusammendrücken und mit einer Gabel oder mit den Fingern nochmals fest andrücken.

Kochen:

Auf dem Herd, in der Mikrowelle

Blitzmenüs, Rezeptideen, Profitipps, typische Pannen und Lösungsvorschläge, einfache Garnierungen und Serviervorschläge, sogar Gerichte ganz ohne Kochen. Und ein Extrateil über die optimale Nutzung der Mikrowelle.

■ Tipps vom Küchenchef

191. Kräuter fischen

Es ist mühsam, in einem großen Suppentopf mit der Kelle nach dem kleinen Stoffsäckchen mit dem Bouquet garni zu fischen!

- Binden Sie eine Schnur an das Stoffsäckchen und knoten Sie das andere Ende an den Griff des Suppentopfs. Dann brauchen Sie nur zu ziehen, um die Kräuter herauszuholen.

192. Gewürze einpacken

Das Bouquet garni aus Kräutern ist Ihnen geläufig. Aber wie geht man am besten mit kleinen Beeren, Samen und getrockneten, bröseligen Kräutern um?

Alles in ein Stoffsäckchen geben, dann mit der Löffelrückseite zerdrücken, damit sich das Aroma besser entfaltet. Sie können auch ein Tee-Ei verwenden. Viel besser, als später Pfefferkörner und Gewürznelken aus dem Essen zu sammeln.

193. Zuerst trocken, dann frisch

Frische und getrocknete Kräuter sollten Sie zu unterschiedlichen Zeitpunkten zu einem Gericht geben, um ihre Würzeigenschaften optimal zu nutzen.

- Trockene Kräuter müssen etwas einweichen. Fein zerbröseln und frühzeitig zugeben, etwa beim Anbraten oder beim Marinieren.
- Frische Kräuter sind aromatischer, aber auch empfindlicher. Nur leicht zerdrücken und erst am Ende der Garzeit zufügen.
- Kräuter mit holzigen Stielen können früher zugegeben werden als weichstielige, bei ganz schnellen Rezepten sogar schon zu Anfang.
- Zum Einreiben benutzte getrocknete Kräuter müssen beim Grillen nicht entfernt werden.
- Marinaden mit frischen Kräutern jedoch verbrennen und werden schwarz, wenn man das Gargut nicht ständig einpinselt, um es feucht zu halten.

194. Andünsten oder anbraten?

Wenn Gemüse angedünstet wird, soll es nicht bräunen (das wäre Anbraten), sondern nur weich werden. So verbinden sich die Aromen besser.

- In einem Schmortopf setzt das Gemüse nicht so leicht am Boden an. Den Deckel auflegen und nur ab und zu zum Umrühren anheben.

195. Kaltes oder heißes Wasser?

In Rezepten für Suppen und Schmorgerichte steht oft, man soll heiße Brühe zum angedünsteten Gemüse geben.

- Kalte Flüssigkeit (Wasser oder Brühe) senkt die Temperatur im Topf und verlängert die Garzeit.
- Wenn Sie jedoch genug Zeit haben, nehmen Sie kaltes Wasser, dann wird das Aroma des Gerichts intensiver.

196. Heiße oder kalte Suppe?

Vichyssoise und einige andere Suppen kann man heiß oder kalt servieren. Sie sollten sich aber schon vor dem Kochen festlegen.

- Kalte Suppen müssen kräftiger gewürzt werden. Wird die Suppe heiß serviert, können Sie sparsamer würzen.
- Wenn Sie unentschlossen sind oder die Suppe an zwei Tagen gegessen werden soll, würzen Sie zurückhaltend. Rühren Sie in die kalte Portion etwas Pesto, Sardellenpaste, einige Tropfen Würzöl oder Tapenade.

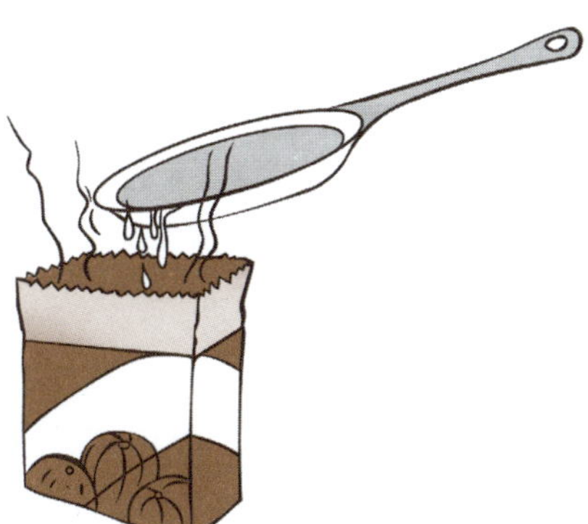

197. Fett entsorgen

Gießt man heißes Fett in den Abfluss, erstarrt es, und es droht eine Rohrverstopfung, die teure Folgen haben kann.

- Gießen Sie das Fett in einen leeren Tetrapack von Saft oder Milch. Abkühlen lassen und in die Mülltonne werfen.

198. Perfekte Pasta

Mischen Sie für ein Nudelgericht etwas von dem stärkehaltigen Kochwasser unter die Sauce, dann haftet sie besser.

- Beim Abgießen der Nudeln einige Esslöffel des Kochwassers im Topf lassen.
- Wenn Sie einen Durchschlag oder einen Nudeltopf mit Siebeinsatz verwenden, geben Sie beim Mischen mit der Sauce drei bis vier Esslöffel des Kochwassers zu.
- Alternativ können Sie beim Kochen der Sauce eine Kelle Nudelwasser zufügen – dann aber die Flüssigkeitsmenge entsprechend reduzieren. Erst zum Schluss salzen, weil das Nudelwasser schon Salz enthält.

199. Frühlingsnudeln

Wenn der Winter gar nicht vergehen will, servieren Sie den Frühling doch auf Tellern.

- Fünf Minuten vor Ende der Garzeit ein kleines Paket gefrorene Erbsen zu den Nudeln geben.
- Abgießen. Mit etwas Zitronensaft und -schale, frisch gemahlenem weißem Pfeffer und herzhaftem Parmesan würzen.

201. Risotto (fast) ohne Rühren

Klassische Risotto darf man nicht allein lassen. Die folgende Version kommt auch ohne Babysitter aus.

- Zuerst die Zutaten genau abmessen. Auf 300 g Risotto-Reis brauchen Sie 1,5 Liter Flüssigkeit (Wasser, Brühe, eventuell mit Wein gemischt).
- 225 ml Flüssigkeit beiseitestellen, um sie bei Bedarf später einzurühren. Die restlichen Zutaten in den Topf geben und zum Kochen bringen.
- Ab und zu umrühren, damit nichts anbrennt. Danebenstehen müssen Sie aber nicht.
- Den Risotto vom Herd nehmen, wenn er noch etwas flüssiger ist, als er endgültig werden soll. Die Stärke dickt noch nach.

200. Klebfreies Dämpfen

Sie wollen Wan-Tans oder Klößchen im traditionellen Bambusdämpfer zubereiten? Meist legt man ein Stück Alufolie in den Korb, damit das Geflecht nicht durch den Teig verklebt. Aber dann bleiben die Klößchen an der Folie kleben …

Legen Sie lieber jeden Kloß auf ein Blatt Salat, Kohl oder Spinat. Er wird sich leicht davon lösen, und die Blätter können Sie noch in eine Gemüsesuppe geben.

Milch und Geflügel

202. Butterbarriere

Kocht Ihnen die Milch auch regelmäßig über?

- Reiben Sie den Topfrand 2 cm breit mit Butter oder Öl ein. Die Milch wird zwar aufschäumen, aber sie muss schon sehr heftig kochen, um die Butterbarriere zu überwinden.

Der Trick funktioniert bei Hülsenfrüchten auch gut. Vor allem Linsen neigen zum Überkochen.

203. Perfekt pochieren

Eier Benedict müssen perfekt pochiert sein – ohne Fäden und herausfließendes Eiweiß.

- Nehmen Sie für ein Ei eine Pfanne mit hohem Rand oder einen kleinen Topf. Das Ei vorsichtig in eine kleine Tasse oder auf eine Untertasse schlagen. Wenn das Wasser heiß ist, kräftig umrühren, damit sich in der Mitte ein Strudel bildet. Zügig das Ei hineingießen. Die Zentrifugalkraft hält das Ei zusammen.
- Für mehrere Eier eine größere Pfanne mit hohen Rand wählen. Runde Ausstechformen hineinlegen. Wasser bis knapp unter ihren Rand zugießen – aber nicht so viel, dass Blasen beim Kochen über den Rand „springen“ können. Wenn das Wasser kocht, in jede Form ein Ei schlagen.

204. Cremiges Rührei

Krümeliges Rührei ist kein wahres Frühstücksvergnügen.

Schön cremig und weich wird es, wenn man auf jeweils vier Eier einen Esslöffel Naturjoghurt unterrührt.

Fleisch und Fisch, ganz frisch

205. Geschwärzte Brassen oder Barsche oder ...

Geschwärzter Fisch nach Südstaatenart sieht verkohlt aus, aber das ist eine Täuschung. Die dafür nötige Gewürzmischung bekommt man allerdings nicht in jedem Supermarkt an der Ecke.

Den Fisch keinesfalls so lange garen, bis er schwarz wird.
Stattdessen die Fischstücke in zerlassene Butter tauchen und auf einem Teller in der Gewürzmischung wälzen.
Eine gusseiserne Grillpfanne (mit Rillenboden) ohne Fett vorheizen, bis ein hineingespritzter Wassertropfen zischt.
Den Fisch in der „trockenen“ Pfanne von jeder Seite zwei Minuten braten, bis er leicht verkohlt aussieht.

206. Einschneiden und grillen

Fleisch und Fisch krümmt sich beim Braten und Grillen oft. Das lässt sich vermeiden.

- Mehrmals schräg einschneiden: Fleisch auf beiden Seiten, Fisch auf der Hautseite. Bei Würsten genügt es, den Darm einige Male mit einer Gabel einzustechen.
- Beim Grillen oder Braten das Gargut mit dem Bratenwender leicht flach drücken.
- Kalbsschnitzel und andere sehr zarte Stücke nicht einschneiden, sondern mit der Rückseite eines schweren Kochmessers nur Rillen eindrücken.

207. Fleischklößchen-Mix

Viele Gerichte schmecken interessanter, wenn man statt einer mehrere Sorten Fleisch verwendet.

- Für Fleischklößchen und Nudelsaucen empfiehlt sich eine Mischung aus Lamm- und Rinder- oder Schweinehack.
- Auch in Pasteten, Aufläufen und Schmorgerichten kann man die Fleischsorten mischen.
- Fisch bekommt durch gegartes Fleisch, z. B. Schinkenwürfel, mehr Pepp.
- Für kurz gegarte Gerichte ist das Mischen nicht empfehlenswert, weil sich die Garzeiten der Fleischsorten unterscheiden.

208. Saftige Burger

Diese Burger sind selbst durchgebraten noch herrlich saftig.

Wenn es kühl ist, nehmen Sie das Hack eine Stunde vor der Verarbeitung aus dem Kühlschrank. Nicht bei Hitze, sonst vermehren sich Keime schnell!
Beim Formen der Burger unter jede Teigportion einen Teelöffel Ricotta, körnigen Frischkäse oder Apfelmus kneten.

209. Dick oder medium?

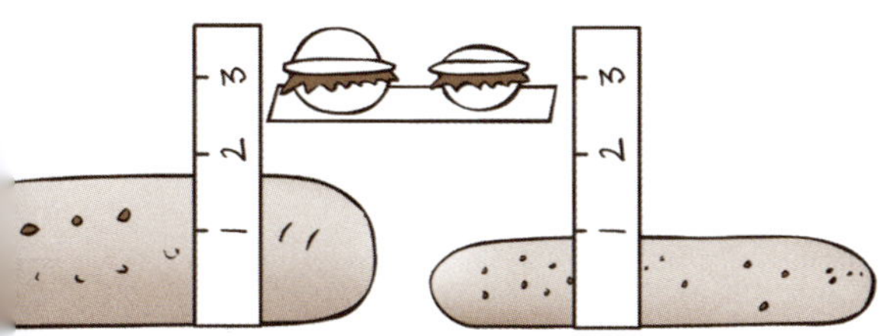

Wie dick sollten Burger sein? Das hat weniger mit Aussehen als mit Physik zu tun.

- Medium gebratene Burger können bis 3 cm dick sein.
- Durchgebratene Burger nur 1,5–2 cm dick formen. Sind sie dicker, werden sie außen trocken, bevor sie innen gar sind.

■ Gute Tipps für gesundes Gemüse

210. Püree für Mäkelige

Ein guter Trick, um Gemüse auf den Teller wählerischer Esser zu mogeln.

- Ein Drittel bis die Hälfte der Kartoffeln durch Rüben, Knollensellerie, Steckrüben oder Karotten ersetzen.
- Das Gemüse zusammen mit den Kartoffeln in einem Topf kochen. Junge Mairüben oder Karotten, die schneller gar sind, einfach später zufügen.
- Rote Bete schmeckt gut im Kartoffelbrei, hat aber eine verräterische Farbe. Zum Mogeln ist sie darum ungeeignet.
- Noch würziger wird das Püree mit etwas geriebener Muskatnuss, einem Klecks Tomatenmark oder gehackten Kräutern (Rosmarin und Petersilie passen besonders gut zu Kartoffeln).
- Über Nacht in den Kühlschrank stellen.
- Nach dem Aufwärmen etwas gutes, fruchtiges Olivenöl unterrühren, damit das Püree schön locker wird.

211. Blütenweißer Blumenkohl

Blumenkohl kann beim Kochen etwas gelblich werden.

- Damit er schneeweiß bleibt, 200 ml Milch ins Kochwasser mischen und den Blumenkohl mit dem Strunk nach oben in den Topf legen.

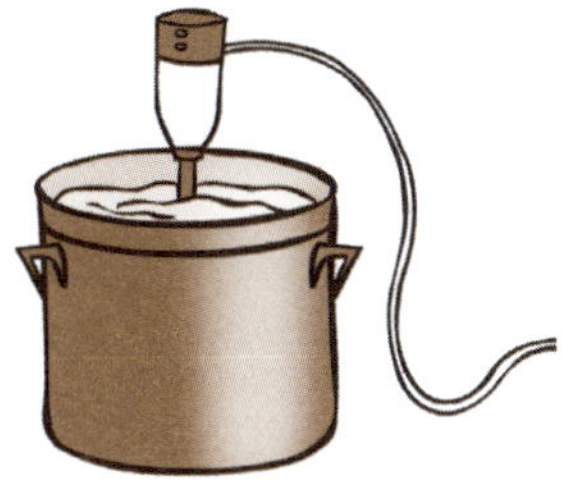

212. Feine Gemüse-cremesuppe

Früher bereitete man Cremesuppe mit Mehlschwitze und Sahne zu. Es geht auch leichter.

Pürieren Sie mit dem Gemüse etwas Reis oder Kartoffeln (beides gekocht). Dann nachwürzen, denn diese Zutaten mildern den Salzgeschmack. Alternativ ein mildes Gemüse – kein Knollen- oder Wurzelgemüse – zugeben. Pilze sind schön würzig, aber Sie können auch angebratene Zwiebeln, gebackenen Kürbis oder angedünsteten Porree mit dem anderen Gemüse pürieren.

213. Enoki

Der Geschmack der meisten Pilze wird kräftiger, wenn man sie trocknet oder brät. Die einzige Ausnahme ist der spindeldürre Enoki (auch Enokitake genannt). Diese knackigen Pilze isst man am besten roh oder erhitzt sie nur wenige Sekunden, damit das feine Aroma nicht verloren geht.

- Erst am Ende der Garzeit zu einem Gericht geben, ähnlich wie frische Kräuter. Alternativ roh wie ein knackiges Gemüse über Salat streuen.

Traditionelle Zeitspartricks

214. Pasta pronto

Selbst gemachte Tomatensauce muss lange kochen, und Fertigprodukte sind eigentlich zu teuer. Finden Sie Ihren Mittelweg.

- Wenn es zeitlich passt, garen Sie ein Blech Tomaten im Backofen. Frieren Sie sie in Portionen ein.
- Rösten Sie eine ganze Knolle Knoblauch. Das weiche Innere in ein Schraubglas füllen.
- Während die Nudeln kochen, grillen Sie einige kräftige Würste.
- Eine Portion gefrorene Tomaten mit gegartem Knoblauch und einigen Chiliflocken erhitzen. Etwas Salbei und Wurstscheiben unterrühren.
- Mit den Nudeln mischen und mit geriebenem Käse bestreuen.

215. Ein-Topf-Nudeln

Diese Nudeln werden fast wie Risotto gekocht.

- Zwiebeln und/oder Knoblauch mit Kräutern nach Wahl andünsten. Die Nudeln zufügen und unter Rühren glasig dünsten.
- Tomaten aus der Dose durch ein Sieb in den Topf passieren.
- Mit der gleichen Menge Brühe mischen, aufkochen und abschmecken. Abgedeckt kochen lassen, bis die Nudeln gar, aber noch bissfest sind. Falls die Sauce zu trocken wird, ehe die Nudeln gar sind, etwas Wasser zugeben.

Nur ein Topf abzuwaschen!

216. Spaghetti auf die Schnelle

Kochen Sie die Spaghetti in Salzwasser und die anderen Hauptzutaten, etwa Brokkoli, gleich mit.

- Abgießen, einige Eier oder jungen Spinat zufügen und alles mit etwas Ricotta und frisch geriebener Muskatnuss mischen.

Essen ist fertig!

217. Bohnen und Natron?

Manchmal möchte man meinen, dass getrocknete Bohnen nie weich werden wollen.

- Geben Sie etwas Speisenatron ins Kochwasser. Es erweicht die harte Haut, und das Gemüse wird schneller gar.

218. Doppelt gut

Wer einen Dämpfeinsatz hat oder etwas in Wasser kocht, kann leicht zwei Lebensmittel mit unterschiedlichen Garzeiten gemeinsam zubereiten.

- Die meisten Gemüsesorten können mit Reis oder Nudeln gekocht werden. Einfach das Gemüse in den Dämpfer (oder ein Metallsieb) geben und so in den Topfrand hängen, dass das Gemüse knapp von Wasser bedeckt ist.
- Zartes Gemüse wie Spinat, Brokkoli, Spargel oder Erbsen kann über der Wasseroberfläche bleiben.
- Garnelen oder Muscheln können ebenso über einem Topf mit kochender Brühe gegart werden.
- Oder kochen Sie Eier zum späteren Verbrauch mit. Danach in den Kühlschrank legen.

219. Spargel zum Dippen

Einfacher kann ein feines Essen wirklich nicht sein. Servieren Sie dazu reichlich knuspriges Brot.

- Spargelstangen blanchieren und zu weich gekochten Eiern servieren. Sie werden einfach ins Eigelb gedippt. Mit Streifen von Parmaschinken und einigen Pecorino-Spänen garnieren.
- Sie können Käse und Schinken auch weglassen und stattdessen den Spargel mit etwas Trüffelöl adeln.

Ein Glas Wein dazu?

220. Fleisch, Gemüse und Sauce

Für eine gelungene Mahlzeit muss man nicht stundenlang am Herd stehen.

- Einen Beutel gemischtes Gemüse in der Mikrowelle garen. Derweil Schweinekoteletts braten.
- Wenn das Fleisch gar ist, den Satz aus der Pfanne mit etwas Sahne, Senf und einem Schuss Wein loskochen.
- Die Sauce sprudelnd kochen lassen, bis sie eindickt. Über Fleisch und Gemüse gießen.

Ging schnell, oder? Bei jeder Art von Fleisch entsteht Bratensatz in der Pfanne, den man mit Brühe oder Sahne, Gewürzen und etwas Wein im Nu in eine Sauce verwandeln kann.

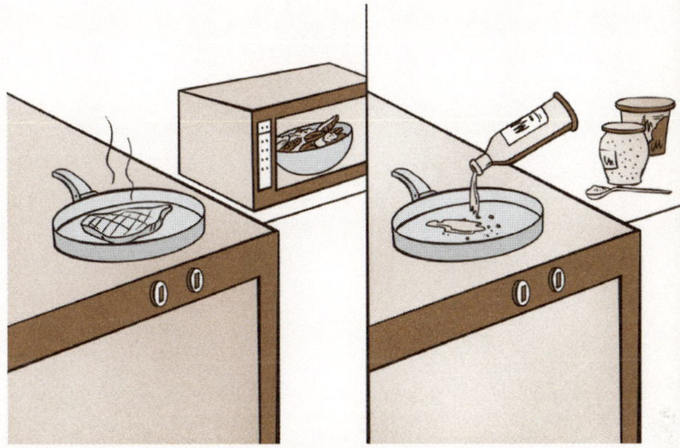

221. Garnelen als Entrée

Mundgerecht und lecker zu einem Glas Bier, z. B. als Vorspeise zu einem Curry.

- Geschälte Garnelen mit süßlicher Thai-Chilisauce und gerösteter weißer Sesamsaat kurz im Wok garen. Falls vorhanden, einige Curryblätter zufügen.
- Mini-Papadams mit einem Spritzer Wasser in der Mikrowelle knusprig garen.
- Auf jeden Papadam eine Garnele, einen Klecks saure Sahne, etwas Mango-Chutney und eine Prise Cayennepfeffer geben.
- Sofort servieren. Garnelen und Papadams können vorbereitet werden. Aber erst kurz vor dem Essen zusammensetzen, weil die Papadams schnell weich werden.

222. Minuten-Curry

Dieses Gericht aus Südostasien kocht sich fast von allein. Sie müssen nur den Reis im Auge behalten.

- Für das Curry eine Dose Kokosmilch mit der gleichen Menge Brühe, einer Prise Zucker und ein bis zwei Esslöffeln Currypaste mischen. Rot, gelb oder grün – Sie haben die Wahl.
- Aufkochen. Streifen von magerem Rindfleisch oder Hähnchenbrust hineingeben.
- Wenn das Fleisch fast gar ist, küchenfertiges Wok-Gemüse aus der Tiefkühltruhe zufügen. Durchwärmen und zu gedämpftem Reis servieren.

223. Schnell aus dem Wok

Ein einfaches, aber leckeres Gericht für Tage, an denen eigentlich keine Zeit zum Kochen ist.

- Einige geschälte Garnelen auf hoher Temperatur mit nur einer Sorte grünem Gemüse (Brokkoli, Spinat, Pak Choi) anbraten. Etwas Würzsauce zugeben, z. B. Teriyaki-Sauce, schwarze Bohnensauce oder süße Chilisauce.

224. Salatpäckchen

Für dieses schnelle, leichte Gericht brauchen Sie gegartes Hähnchenfleisch.

- Das Fleisch in feine Streifen schneiden, auf Salatblätter geben und fein gehobelten Weiß- oder Chinakohl darauf verteilen. Etwas süße Chilisauce darauftropfen. Die Salatblätter aufwickeln und in einer Serviette halten.
- Für ein Lunchpaket Blätter und Füllung separat einpacken und erst kurz vor dem Essen einrollen.

225. Bohnen aus dem Wok?

Weiße Bohnen sind nicht nur ein preiswerter Ersatz für Kartoffeln und Reis (*siehe Tipp 188*).

- Im Wok können sie auch Nudeln ersetzen.
- Besser schmecken sie, wenn man sie eine halbe Stunde mit den Saucen- oder Dressingzutaten mariniert, damit sie die Aromen aufnehmen.

Sparen ohne Genussverlust

226. Thunfisch strecken

Fischkonserven kann man mit Gemüse „verlängern“. Dadurch wird auch ihr Salzgehalt verringert.

- Welches Gemüse sich zum Strecken eignet, hängt von der Fischsorte und den Gewürzen ab. Tomate passt zu Makrele; Mais, Erbsen und Sellerie sind gute Gesellschaft für Thunfisch.
- Zuerst Porree oder Zwiebeln andünsten, Kräuter oder Gewürze nach Geschmack zufügen, dann die Saucenbasis: Tomaten, Brühe, Orangensaft (sehr gut zu Sardinen) oder Sahne. Aufkochen, und wenn die Sauce brodelt, den Fisch zugeben.
- Frisch gekochte Sahnesauce passt auch zu Lachs oder geräuchertem Heringsfilet. Lecker auf Toast oder zu Nudeln.

227. Schalen aufbewahren

Nicht alle Gemüseabfälle gehören gleich auf den Kompost.

- Strünke von Blumenkohl oder Blätter von Rüben und Sellerie geben Gemüsebrühe ein gutes Aroma. Man kann sie auch garen, pürieren und in die Gemüsesuppe rühren.
- Junge Rüben- und Radieschenblätter schmecken gedünstet gut, am besten mit etwas Kreuzkümmel.
- Zarte Blätter von Brokkoli und Blumenkohl passen in Wok-Gerichte.
- Die äußeren Blätter von Weißkohl zum Garen von Fisch aufbewahren. Der Fisch setzt nicht am Pfannenboden an, wenn man die Blätter unterlegt.
- Makellose Melonenschalen kann man wie Gurken pikant-sauer einlegen.
- Junge Butternut- und Ufo-Kürbisse kann man im Ganzen mit Schale essen, am besten im Backofen gegart.
- Hartkäserinde in einer Cremesuppe mitkochen, um das Aroma zu verbessern. Vor dem Servieren herausnehmen.

228. Keine Crème fraîche im Haus?

- Nehmen Sie saure Sahne oder Schlagsahne und einen Spritzer Zitrone. Crème fraîche enthält mehr Fett und gerinnt beim Kochen nicht so leicht, saure Sahne ist empfindlicher und sollte erst in letzter Minute eingerührt werden, nachdem der Topf vom Herd genommen wurde.
- Zum Mitkochen eignet sich Naturjoghurt (Vollmilchjoghurt oder griechischer), zur Stabilisierung mit einem Löffel Speisestärke verrührt. Den säuerlichen Geschmack eventuell beim Abschmecken ausgleichen.

229. Zitronen-dessertsauce

Weiße Zitronenglasur sieht auf Kuchen wunderbar frisch aus. Der Geschmack passt aber auch gut zu warmen Desserts. So gelingt eine schnelle Sauce:

- Flüssige Sahne vorsichtig erwärmen.
- Vom Herd nehmen und mit der gleichen Menge Lemon Curd (*siehe Tipp 236*) verrühren.
- Kräftig aufschlagen, in ein Kännchen gießen und zu warmen Aufläufen, Pudding, Crêpes oder Fruchtkompott servieren.

230. Smoothie mit Substanz

Ist Ihr Frühstücks-Smoothie zu flüssig geraten? Dann waren die Früchte vielleicht zu saftig, und er enthält zu wenige Faserstoffe (etwa von Pfirsichen oder Weizenkeimen). Kiwis, Wassermelonen und andere Früchte mit hohem Wassergehalt können dieses Problem verursachen. Oder haben Sie nur zu viel Saft oder Eis zugegeben?

- Eine gefrorene Banane zugeben und nochmals mixen. Besonders gut, wenn Sie den Smoothie kalt mögen.

231. Eintöpfe entfetten

Von einer Brühe lässt sich das Fett leicht mit einem Schaumlöffel abschöpfen. Bei stückigen Eintöpfen, Schmorgerichten und Currys ist das schwieriger.

- Einfach eine große Tortilla auf die Oberfläche legen und wieder abnehmen, wenn sie weich wird (aber nicht matschig werden lassen!). Sie saugt einen Großteil des Fetts auf. Bei Bedarf wiederholen.

232. Pfirsichjoghurt?

Eine gute Verwertung für überreife Früchte:

Die Früchte in einem Topf mit Wasser bedecken, nach Wunsch etwas Wein zugeben.
Leicht kochen lassen, bis sie zerfallen.
In Joghurt oder Müsli rühren.

233. Luft rauslassen

Viele Leute meiden Bohnen und Kohl, weil sie Blähungen fürchten. Dabei gibt es bewährte Rezepte, wie man das Problem umgehen kann.

- In die Kochflüssigkeit von Kohlgemüse (Rot- und Weißkohl, Rosenkohl, Blumenkohl), Bohnen oder Linsen einen Löffel voll Asafoetida (Stinkasant) geben.
- Gebratenes und Wok-Gerichte mit Anis, Koriander, Kümmel/Kreuzkümmel oder Ingwer würzen.
- Zwiebeln und Knoblauch helfen auch und passen zu fast allen Gerichten.
- Viele Kräuter lindern Blähungen: Dill, Oregano, Majoran, Thymian, Koriander, Sellerie, Zitronenmelisse, Basilikum und Minze.

■ Mikrowellenkunde

234. Wellen, Raum und Dichte

Das Garverhalten von Lebensmitteln hängt von der Konsistenz und der Position im Garraum ab.

- Poröse, leichte Lebensmittel garen schneller als feste mit hoher Dichte. Ein Brot ist schneller heiß als eine Kartoffel von gleicher Größe oder gleichem Gewicht.
- Beim Erwärmen von Tellergerichten feste Lebensmittel an den Rand und weniger feste in die Mitte legen.
- Saftiges wird schneller heiß als Trockenes. Die feuchte Füllung einer Pastete kann heißer werden als der Teig, in dem sie steckt.
- Die Hitze konzentriert sich hauptsächlich am Rand. Darum beim Umrühren die Lebensmittel vor allem vom Rand zur Mitte schieben.
- Karotten und andere unregelmäßig geformte Lebensmittel sternförmig mit dem dicken Ende nach außen und den schlanken Spitzen nach innen legen. Nach der halben Garzeit umdrehen.

235. Schnell oder langsam?

Die Mikrowelle ist schnell, aber wenn man doppelte Mengen zubereitet, verdoppelt sich auch die Garzeit.

- Speisen für eine vierköpfige Familie sind in der Mikrowelle schneller gar als auf dem Herd oder im Backofen. Größere Portionen dauern ebenso lange oder sogar länger als bei konventioneller Zubereitung.
- Gerichte, deren Aroma auf dem Reduzieren von Flüssigkeit basiert, gelingen in der Mikrowelle nicht. Wenn Sie es dennoch versuchen wollen, nehmen Sie gleich weniger Wasser.
- Beim schnellen Garen bleibt das Aroma von Würzzutaten besser erhalten als beim konventionellen Garen. Seien Sie entsprechend sparsamer mit Kräutern, Gewürzen und Knoblauch.

236. Blitzschnelles Lemon Curd

emon Curd ist ein englischer Klassiker, er in der Mikrowelle schnell und einfach elingt.

Saft und Schale von einer kleinen Zitrone mit 125 g Butter und 100 g Zucker verrühren.
Auf höchster Stufe zwei bis drei Minuten in der Mikrowelle erhitzen, bis sich der Zucker auflöst.
Inzwischen drei Eier verquirlen und durch ein Sieb streichen.
Unter ständigem Rühren etwas Zitronenmischung zu den Eiern geben.
Dann die Eier unter die restliche Zitronenmischung rühren.
Zwei Minuten in der Mikrowelle erhitzen, zwischendurch ein- oder zweimal umrühren.
Kräftig aufschlagen. Zwei bis drei Minuten stehen lassen, dann nochmals aufschlagen.
Mit Frischhaltefolie abdecken und abkühlen lassen. Dann in Gläser füllen. (Falls die Mischung beim Einrühren der Eier gerinnt, kurz mit dem Mixer durchrühren, solange sie warm ist.)

Kochen:

Backen, Grillen, Rösten

Tipps für verführerische Desserts und Kuchen, einfache Teigzubereitung und schöne Garnierungen. Lösungen für typische Küchenprobleme, Eintopfgerichte und Leckeres vom Grill.

■ Aus der Backstube

237. Mehl mit Triebkraft

In manchen Rezepten mit Mehl wird Backpulver als Triebmittel verlangt. Wer als universelles Hausmittel das preiswertere Natron (= Natriumhydrogencarbonat) zur Hand hat, kann das auch verwenden, nur etwas weniger als die angegebene Menge Backpulver.

- Handelsübliches Backpulver besteht ebenfalls au Natriumhydrogencarbonat, aber ihm wird noch Säuerungsmittel beigesetzt sowie Weizenstärke. Das Säuerungsmittel hilft, den Triebprozess in Gang zu setzen.

238. Milch sauer geworden?

Gießen Sie saure Milch nicht weg, sofern sie nicht geronnen ist (d. h. feste und flüssige Bestandteile sich getrennt haben). Man kann sie statt Buttermilch zum Backen verwenden.

Geeignet für Plätzchen, Brot, süße Brötchen und Pfannkuchen. Statt Backpulver können Sie dann Natron verwenden. Die Milchsäure setzt den Triebprozess in Gang (*siehe Tipp 237*).

239. Papier oder Pergament?

Einfetten und mit Mehl bestäuben genügt oft nicht, damit Gebäck sich problemlos aus der Form lösen lässt.

Backzubehör aus Silikon ist praktisch, aber teuer und (noch) nicht in großer Auswahl erhältlich. Und wer will schon seine guten, alten Kuchenformen wegwerfen?
Bleche legt man am besten mit Backpapier aus. Es ist beidseitig antihaftbeschichtet, also klebt Gebäck ebenso wenig an wie auf einer Silikonbackunterlage. Brötchen und Plätzchen lassen sich leicht abnehmen. Einfetten ist nicht nötig.
Kuchenformen lassen sich besser mit Pergamentpapier auslegen. Es sollte mit Öl eingepinselt werden, damit es sich später problemlos abziehen lässt.

240. Eckige Formen

Bei runden Formen muss man für Boden und Wand separate Pergamentstücke zuschneiden, nicht aber bei eckigen Formen.

- Das Pergamentpapier rundherum einige Zentimeter größer als die Form zuschneiden.
- An den Ecken schräg einschneiden.
- Form und Papier einfetten, dann das Papier in die Form legen.
- Die eingeschnittenen Papierecken glatt übereinanderschieben.

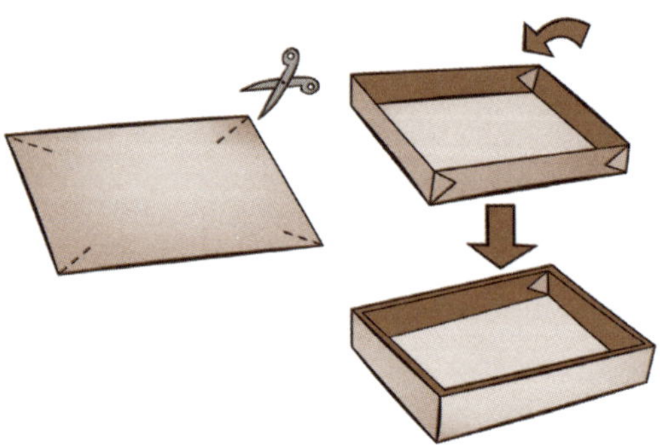

241. Teig aus dem Eis

Wenn Sie die Rolle fertigen Mürbeteig zu spät aus dem Tiefkühler genommen haben, lassen sich daraus wahrscheinlich keine Figuren ausstechen. Eine flache Backform können Sie aber auch mit gefrorenem Teig auslegen.

- Ein scharfes Messer in heißes Wasser tauchen und vom gefrorenen Teig Scheiben abschneiden.
- Die Scheiben leicht überlappend auf den Formboden legen.
- Ist die Form ausgelegt, die Scheibenränder mit den Fingern gut andrücken, sodass eine geschlossene Teigplatte entsteht. Es macht nichts, wenn sie etwas uneben ist.
- Drei bis fünf Minuten blindbacken, dann eine Füllung darauf verteilen und gemäß Rezept fortfahren.

242. Clever vorheizen

eder denkt über Energiesparen nach. Auch las Vorheizen des Backofens ist inzwischen ımstritten. So machen Sie es richtig:

Bei Gerichten, die lange auf niedriger Temperatur garen, können Sie aufs Vorheizen verzichten, z. B. bei Bratenstücken, getrockneten Tomaten oder gebackenem Gemüse.
Sie können den Ofen einige Minuten vorher abschalten, wenn Sie bei mehr als 200 °C backen. Dann aber die Ofentür nicht öffnen. Das gilt natürlich nicht für empfindliche Backwaren, wie Brot oder Soufflés, und auch nicht für Fisch und andere Speisen, die schnell garen.

243. Marzipandecke anheben

Es ist gar nicht so leicht, eine ausgerollte Marzipan- oder Fondantdecke anzuheben, um damit eine Torte zu garnieren. Die Backrolle ist dafür der beste Helfer.

- Die Backrolle ins hintere Drittel der Marzipandecke (rund oder eckig) legen.
- Das hintere Ende der Decke über die Backrolle legen.
- Die Backrolle zum Körper hin drehen und dabei vorsichtig mitsamt der Marzipandecke anheben.
- Das vordere Ende zuerst auf den Kuchen senken, dann die Backrolle vom Körper wegdrehen, sodass die restliche Decke Stück für Stück abgelegt wird.

244. Versinkende Pflaumen

Früchte und Nüsse haben die Gewohnheit, in weichem Teig nach unten zu sinken.

- Um das zu vermeiden, die Früchte, auch wenn sie in Alkohol eingeweicht sind, in Mehl wenden und ganz zum Schluss unter den Teig heben.
- Lufteinschlüsse im Mehl halten die Früchte oben, bis der Teig soweit gegart ist, dass er ihr Gewicht trägt.

245. Blätterteig-pastetchen

Sie haben einen Rest Blätterteig, aber die Füllung ist schon aufgebraucht?

- Den Teig in Quadrate schneiden und mit etwas Konfitüre bestreichen.
- Alternativ mit Fruchtsaft glasieren und mit Schokoladenstreuseln bestreuen.
- Wer es herzhaft mag, bestreut den Teig mit geriebenem Käse.
- Lecker ist auch ein Belag aus Pesto, Tomatenmark oder Tapenade.
- Lieber mild? Mit verquirltem Ei bestreichen, Kräuter daraufstreuen und etwas andrücken. Estragon oder Dill passen gut zu Eiern.
- Oder einfach mit flüssiger Butter bestreichen und die Lieblingsgewürzmischung daraufstreuen.

247. Verrutschende Schichttorten

Sie haben eine dreischichtige Torte gebacken, und dann, oh Schreck, beginnen die Schichten zu verrutschen. Beim nächsten Mal sollten Sie ein paar Befestigungstricks kennen.

- Wenn der Tortenboden fest ist und rutschen könnte, einen dicken Klecks Zuckerguss auf die Tortenplatte setzen. Er härtet aus, und die unterste Tortenschicht klebt fest.
- Verrutschen die oberen Lagen (was meist der Fall ist), sind sie wahrscheinlich nicht ganz eben. Vor dem Zerschneiden die Torte an einer Seite mit einer Gabel einkerben und diese Markierungen beim Zusammensetzen aufeinander ausrichten. So stimmt es wieder.

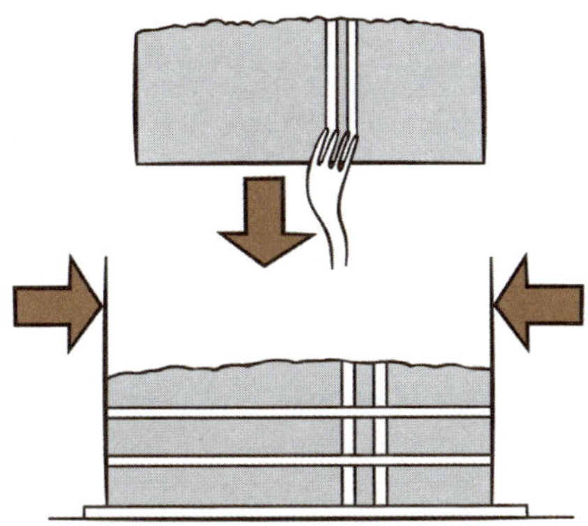

246. Süß und bunt

Bunten Zuckerguss kann man in verschiedenen Farben fertig kaufen. Wer ihn lieber selbst machen will, sollte einige Grundregeln beachten.

- Alle Lebensmittelfarben sind sehr konzentriert. Nur kleinste Mengen zugeben und gut verrühren, dann eventuell nachfärben (*siehe Tipp 172*).
- Flüssige Farben eignen sich zum Mischen von Pastellfarben, zum Färben von Zucker oder Kokosraspeln. Pulverfarben lassen sich schlechter vermischen, und Pasten können die Konsistenz verändern. Mit Flüssigfarben kann man auch direkt auf einer ausgerollten Fondantdecke malen oder schreiben. Nur Pinsel verwenden, die für Essbares reserviert sind.
- Pulverfarben verteilen sich weniger leicht und eignen sich darum gut für Sprenkel- und Marmoreffekte.
- Paste ist vor allem für intensive Farben zu empfehlen.

248. Muffins für Bequeme

Muffins sind einfach, wandlungsfähig und lecker. Es ist nur mühsam, sie aus dem Blech zu heben und die angebrannten Teigkleckse abzuschrubben.

Sie könnten auf Silikon umsteigen, aber das ist teuer und hat andere Nachteile (*siehe Tipp 4*). Versuchen Sie es doch einmal mit Alufolie.

- Ein Stück Folie abreißen, das etwa 1½-mal so lang wie das Muffinblech ist.
- Die Folie auf das Blech legen. An einem Ende beginnend die Folie in die Vertiefungen drücken.
- Die Papierförmchen in die Vertiefungen setzen, den Teig einfüllen und backen.
- Nach dem Abkühlen die Folie anheben und die Muffins herausnehmen.

■ Pfiffige Pasteten

249. Restepastete

Aus den Resten eines Grillpicknicks kann man eine Pastete für vier Personen zaubern.

Neben einigen Grundvorräten brauchen Sie:

- Vier gegrillte Hähnchenbrustfilets (oder andere Grillreste)
- 100 g geräucherter Schinken
- 150 ml Sahne
- 100 ml Brühe
- 250 g fertigen Blätterteig

Zubereitung:

- Den Backofen auf 200 °C vorheizen.
- Geflügel und Schinken würfeln, dann mit Sahne verrühren.
- Rosmarin oder Estragon, Brühe, einen Teelöffel Speisestärke und etwas Senf unterrühren. Nach Geschmack würzen und in eine Pastetenform gießen.
- Den Teig ausrollen, darauflegen und den Überstand sauber abschneiden. Den Rand anfeuchten und fest an die Form drücken.
- Mit verquirltem Ei bestreichen und backen, bis der Teig aufgegangen und goldbraun ist.

Dazu schmecken grüne Bohnen.

250. Pasteten-rettung

Ist der Pastetenteig verbrannt?

- Die Füllung vorsichtig aus dem unbrauchbar gewordenen Teig löffeln und beiseitestellen.
- Eine Packung fertigen Mürbeteig (nicht süß) ausrollen. Die Form muss nicht sonderlich exakt ausfallen.
- Den Teig auf ein gefettetes Backblech legen, die Füllung in die Mitte setzen.
- Nun die Teigränder über die Füllung klappen und oben gut zusammendrücken.
- Backen, in Tortenstücke schneiden und die unregelmäßige Form als rustikal anpreisen.

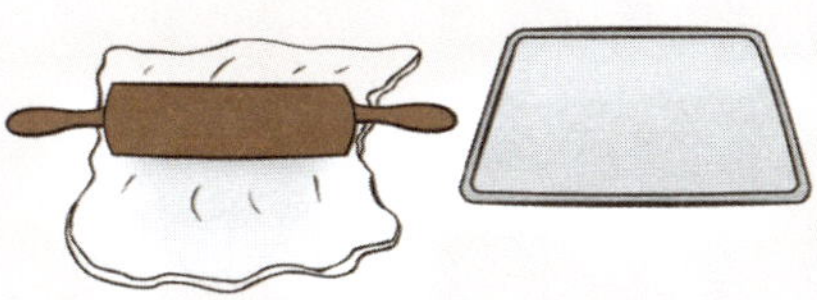

251. Blitz-Früchte-pastetchen

Kein Aufwand mit Teig und kleinen Förmchen!

- Den Backofen auf 200 °C vorheizen.
- Eine Form für Mini-Muffins leicht einfetten.
- Aus Filo-Teig Stücke zuschneiden, die etwas größer als die Vertiefungen der Form sind. Jede Vertiefung mit zwei oder drei Teigstücken leicht versetzt auslegen. Mit zerlassener Butter bestreichen. Im vorgeheizten Ofen goldbraun backen.
- Trockenfrüchtemischung hacken und mit der gleichen Menge geriebener Äpfel mischen. Etwas Zimt einrühren und Orangensaft zugeben, wenn die Mischung zu trocken ist.
- In jede Teigschale zwei Löffel Füllung geben und nochmals zwei bis drei Minuten backen.

252. Zu kalt für warmes Brot?

Wenn es in der Küche zu kühl ist, geht Hefeteig nicht auf – selbst dann nicht, wenn er zugfrei steht. In professionellen Backstuben gibt es dafür Wärmeschränke. Bei kleinen Teigmengen kann man sich mit der Mikrowelle behelfen.

- Einen Kaffeebecher voll Wasser in der Mikrowelle zum Kochen bringen.
- Den Teig mit dem Wasser fünf bis sieben Sekunden auf hoher Stufe in die Mikrowelle geben.

253. Bewährter Trick für eine schöne Kruste

Selbst gebackenes Brot bekommt nicht immer eine schöne Kruste. So klappt es:

- Das Innere des Backofens mit einer schwachen Essig-Wasser-Lösung bespritzen. Das Brot mit der Lösung einpinseln und rasch die Ofentür schließen.

254. Ofenfrisch im zweiten Anlauf

Das Weißbrot ist einen oder zwei Tage alt und könnte etwas frischer schmecken? So wird es wieder knusprig:

- Den Backofen auf 180 °C vorheizen.
- Die Scheiben mit Wasser einsprühen und zehn Minuten aufbacken – wie frisch vom Bäcker!

255. Grüne Brösel

Mit frischem Grün sieht die Panade für Fisch oder Geflügel gleich viel verführerischer aus.

- Etwas trockenes Brot mit einem Löffel voll Kräutern im Mixer zerkleinern.
- Mit Pfeffer und Salz würzen.
- Fleisch oder Fisch mit den grünen Bröseln panieren.

Kuchen ohne Probleme

256. Auf der Rolle

Biskuitrollen lassen sich gut aufrollen, wenn man etwas vorausplant.

- Wenn der Teig im Ofen ist, ein sauberes Geschirrtuch in heißes Wasser tauchen und gut auswringen.
- Auf der Arbeitsfläche ausbreiten, die Schmalseite zeigt nach vorn.
- Den fertig gebackenen Teig mit Pergamentpapier bedecken und auf das Tuch stürzen. (Das Papier liegt nun zwischen Teig und Tuch.)
- Die Daumen unter das Tuch schieben. Das Tuch langsam anheben und mit den Fingern beim Rollen helfen. Durch die Feuchtigkeit im Tuch löst sich das Pergament und macht den Biskuit geschmeidig.

257. Eingefallener Biskuit?

Ein in der Mitte zusammengefallener Biskuit ist kein Drama, sondern noch zu retten.

- Der Teig ist vermutlich nicht so luftig geworden, wie er sollte. Schneiden Sie ihn in zwei oder drei Böden auf.
- Ist er sehr fest, tränken Sie ihn mit Sirup, süßem Fruchtsaft oder dem Saft einer Obstkonserve.
- Quark mit Zitronenschale und Zucker verrühren und abwechselnd mit Fruchtscheiben und Biskuitböden schichten.
- Die Vertiefung in der Mitte großzügig mit Früchten (z. B. gefrorenen Beeren) füllen.
- Den Rand mit Puderzucker und Mandelblättchen oder Schokoladenspänen bestreuen.

258. Torte al dente

Noch eine Lösung für einen Biskuit, der nicht richtig aufgegangen ist.

- Bereiten Sie einen Obstsalat zu. Sie können auch Früchte aus der Dose verwenden oder Trockenfrüchte kurz in Wasser mit etwas Zitronensaft und -schale kochen. Mit Biskuitwürfeln bestreuen.
- Oder: den Teig in Stücke schneiden und mit einer heißen Sauce zum Dippen servieren – geschmolzene Schokolade, Vanillesauce oder ein Fruchtpüree aus Beeren oder Mangos.
- Oder ein Trifle: den Kuchen würfeln, mit Dessertwein oder Fruchtpüree beträufeln, dann mit Vanillepudding und Obst schichten.
- Oder: Kuchenstreifen zu Schlagsahne mit etwas Likör und einer passenden Garnierung reichen.

259. Karottentorte ohne Karotten

Karotten sind gesund, aber ersetzen Sie sie im Kuchen einmal durch:

- Geriebene Süßkartoffeln (die orangefleischige Sorte), Yamswurzeln oder festfleischigen Kürbis
- Pastinaken – sie schmecken milder und etwas nussig.
- Probieren Sie mal Äpfel oder Zucchini.

Kuchenglasuren

260. Super-Muffins

Mit dieser Glasur wird jeder Muffin zum Meisterstück.

- 125 g cremige Erdnussbutter mit 40 g gesiebtem Kakao mischen.
- 200 g Puderzucker und 100 g rote Johannisbeerkonfitüre zugeben. Dann so viel flüssige Sahne (höchstens 150 ml) unterrühren, bis die Masse cremig ist.
- Die Creme mit Löffel oder Spritzbeutel auf Schokoladen-Muffins verteilen.

261. Blitzglasur

Peppen Sie gekaufte Muffins mit Schoko-Minz-Täfelchen oder Portionstäfelchen Schokolade auf.

- Auf jeden Muffin ein Täfelchen oder ein Stück Schokolade legen.
- Die Muffins in der Mikrowelle auf hoher Stufe 15–20 Sekunden erhitzen.
- Den weichen Belag verstreichen – fertig.

262. Löffelschnörkel

In vielen Rezepten heißt es, man soll Glasur auf einem Kuchen mit einem Palettenmesser verteilen. Gar nicht so einfach.

- Verteilen Sie die Glasur lieber mit einem Löffel. Mit der gewölbten Rückseite schabt man die mühsam aufgetragene Glasur nicht so leicht wieder ab und macht gleich ein hübsches Muster.

Das Essen ist im Ofen

263. Kröten portionsweise

Wenn Sie klassischen Yorkshire-Pudding oder „Kröte im Loch“ für eine kleine Familie zubereiten möchten, bieten sich Portionsgrößen an.

Die Vertiefungen eines Muffinblechs einölen und in jede einen Löffel Teig geben. Ein Stück Wurst in jede Portion schieben (das ist die Kröte).

Die Methode ist viel praktischer als das Formen von Teigklößen, die meistens auseinanderfallen oder breit zerlaufen.

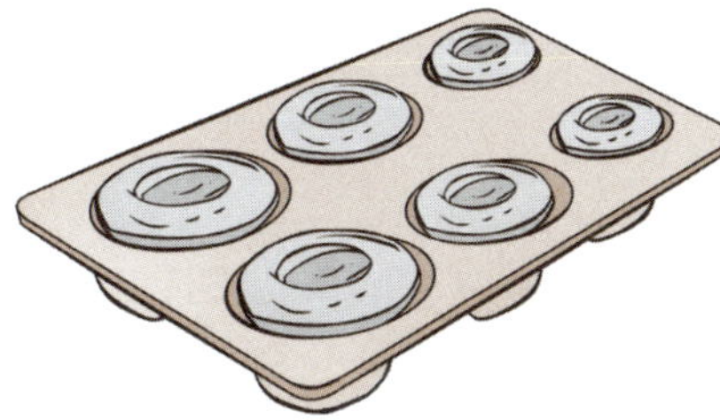

264. Mundgerechte Cannelloni

Wenn Ihnen große Cannelloni ausgegangen sind, verwenden Sie einfach Conchiglie.

Das Füllen der Nudeln ist etwas mühselig, aber sie sehen hübsch aus und haben gleich Mundgröße – was für Familien mit kleinen Kindern ein Kriterium ist.

- Füllung: gewürfelter Leberkäse, Linsen mit Curry oder gedünstete Pilze. Oder eine Füllung mit Hackfleisch oder Semmelbröseln.
- Eine flache Backform mit den gefüllten Nudeln auslegen. Mit Tomatenwürfeln und Kräutern bestreuen und überbacken.

Dazu ein Salat, fertig ist ein feines Essen.

265. Aufgespießt

Folienkartoffeln brauchen lange, bis sie gar sind. So können Sie eine viertel Stunde einsparen:

- Stechen Sie durch jede Kartoffel vor dem Backen einen stabilen Metallspieß, der leitet die Hitze ins Innere.

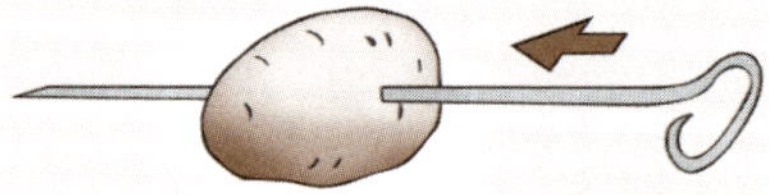

266. Exotische Folienkartoffel

Peppen Sie Folienkartoffeln statt mit einer Füllung aus Thunfisch, Krautsalat und Mayonnaise doch einmal mit einem exotischen Dressing auf.

- Gegarte, geschälte Garnelen, gewürfelte Mango oder Ananas aus der Dose, saure Sahne und ein bisschen gehackte Chili verrühren.
- Die Folienkartoffel oben kreuzweise einschneiden und leicht auseinanderdrücken, damit sie sich öffnet. Die Füllung hineingeben.
- Für eine noch edlere Variante nehmen Sie Räucherlachs anstelle der Garnelen, Frischkäse statt saurer Sahne und Kapern statt der Früchte. Darüber weißen Pfeffer aus der Mühle streuen.

267. Knoblauch-püree

m Ofen gebackener Knoblauch ist erstaunlich mild und butterig. Es lohnt sich, gleich mehrere Knollen zu backen und im Kühlschrank aufzubewahren.

Zehn Knoblauchknollen gemeinsam in Alufolie wickeln und etwa eine Stunde bei 180 °C backen. Abkühlen lassen, die Zehen trennen und vorsichtig aus der Haut drücken.
Durch ein Sieb streichen oder im Mixer mit zwei Esslöffeln Olivenöl und etwas Salz pürieren.
In ein Schraubglas füllen und mit Öl bedecken.
Im Kühlschrank aufbewahren und binnen drei Monaten verbrauchen. Falls nötig, gelegentlich etwas Öl nachgießen.
Lecker zu gegrilltem Gemüse, in Dressings oder Dips, zu gebratenem Fleisch oder auf Baguette.

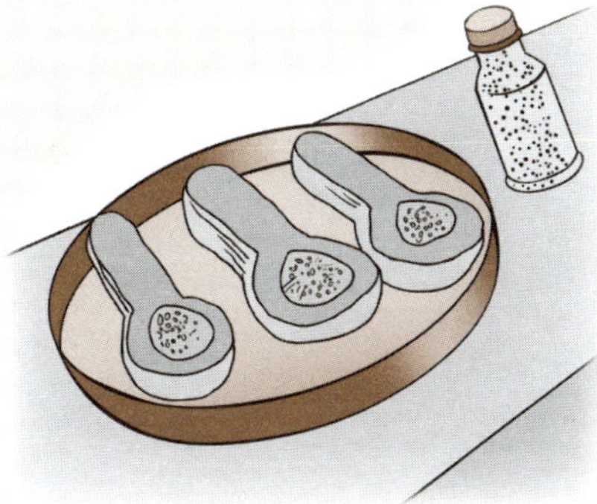

268. Kürbis im Ganzen

Mittelgroße Winterkürbisse braucht man vor der Zubereitung nicht zu schälen oder zu zerteilen. Sie lassen sich leichter verarbeiten, wenn man sie im Ganzen bäckt.

- Rundum mit Olivenöl einreiben und bei 200 °C etwa eine Stunde backen, bis sich die Schale leicht mit einer Gabel einstechen lässt.
- Sie brauchen die Kürbisse nicht zu schälen. Einfach aufschneiden, die Kerne entfernen und mit etwas gewürzter saurer Sahne oder Öl und Salz servieren.
- Das weiche Fleisch lässt sich leicht mit Messer und Gabel von der härteren Schale lösen.

Eine gesunde Beilage zu Schmorgerichten oder gegrilltem Fleisch und eine schöne Alternative zu Folienkartoffeln.

269. Gebackenes Mittelmeergemüse

Nicht nur deftiges Wintergemüse eignet sich zum Backen. Probieren Sie einmal diese leichtere Sommervariante.

- Auberginen und Zucchini in Scheiben schneiden und Zwiebeln und Paprika in Spalten.
- Mit einigen geschälten Knoblauchzehen mischen.
- Mit etwas Olivenöl beträufeln, salzen und pfeffern und 20–30 Minuten bei 200 °C backen. Das schmeckt nach Urlaub im Süden.
- Noch würziger wird das Gemüse, wenn Sie kurz vor dem Servieren einen Spritzer Balsamico und frisch gehacktes Basilikum daraufgeben.
- Mit Zaziki als Beilage eine leichte und gesunde Mahlzeit.

270. Porree im Schinkenmante

Für dieses Rezept brauchen Sie ein Dutzend dünne Porreestangen.

- Den Backofen auf 200 °C vorheizen.
- Um die Mitte jeder Porreestange eine Scheibe Parmaschinken wie eine Bauchbinde wickeln. In eine flache Auflaufform legen, 125 ml heißes Wasser und einen Esslöffel Olivenöl zugeben.
- 15 Minuten backen, bis der Porree bissfest gar ist Wasser abgießen.
- Mit einer Mischung aus Semmelbröseln und geriebenem Parmesan bestreuen.
- Überbacken, bis die Kruste knusprig ist.

Als Vorspeise servieren oder als Beilage zu Fisch reichen.

271. Fisch aus der Folie

isch gart rasch, oft sogar schneller als Ge-
nüse und stärkehaltige Beilagen. Wickelt
nan das Gemüse luftdicht ein, beschleunigt
ler Dampf den Garvorgang.

Den Backofen auf 200 °C vorheizen.
Ein großes Stück Alufolie auf ein Backblech legen.
Scheiben von neuen Kartoffeln, Schnitze von Süßkartoffeln oder Kürbiswürfel auf die Folie legen.
Zwiebelringe, Frühlingszwiebeln, grünes Gemüse (Bohnen, Brokkoli oder Fenchel)*, Kräuter oder Gewürze nach Geschmack, Salz und etwas Olivenöl untermischen.

- Das Fischfilet auf das Gemüse legen, kräftig würzen und die Folienränder fest zusammendrücken.
- Im Backofen bei 220 °C etwa 15–20 Minuten garen (je nach Gemüsesorte und Dicke des Fischstücks).

*Wenn Sie lieber zartes Gemüse mögen, können Sie auch jungen Spinat oder Spargel fünf Minuten vor Ende der Garzeit ins Folienpaket geben.

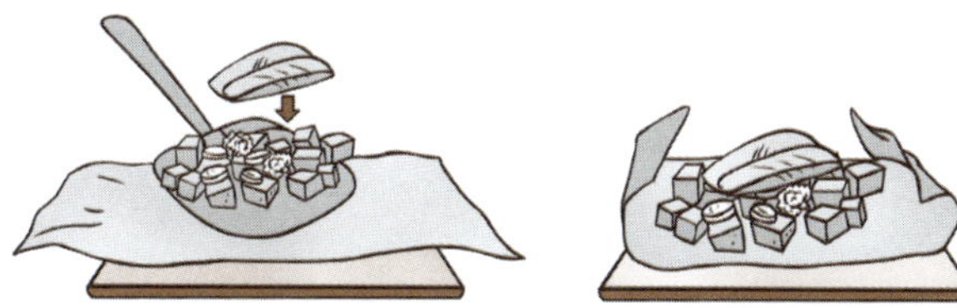

272. Schweinefleisch-Orangen-Spieße

ass Schweinefleisch gut zu Äpfeln und
egrillter Ananas schmeckt, ist nicht neu.
robieren Sie doch auch einmal Orangen!

Würfel von magerem Schweinefleisch abwechselnd mit Orangenstücken (mit Schale) auf stabile Rosmarinzweige spießen.
Grillen, dabei zwischendurch mit einer Mischung aus Olivenöl und Orangensaft bestreichen.

Dazu passt ein Salat aus grünen Bohnen, roten Zwiebeln und schwarzen Oliven mit einer Balsamico-Vinaigrette.

273. Gebackene Brie-Räder

Ein interessantes Wintergericht für Käsefans:

- Einen milden Brie oder Camembert mit Honig, Datteln und Pekannüssen füllen – einfach in die weiche Mitte drücken. Im Backofen bei 200 °C goldbraun backen. Der Käse soll gerade zu zerlaufen beginnen. Grissini oder Baguette dazu servieren.
- Alternativ sonnengetrocknete Tomaten in den Käse drücken und alles großzügig mit Pesto bestreichen. In Filo-Teig einwickeln und backen, bis der Teig gar und braun ist.

274. Edelstreusel

Bodenständige Gerichte liegen wieder im Trend, und frisches Obst, überbacken mit Streuseln, schmeckt einfach jedem.

- Die Früchte würfeln, in eine ofenfeste Form geben, mit Zucker bestreuen und 20 Minuten ziehen lassen. So lange brauchen Sie, um den Ofen vorzuheizen und die Streusel vorzubereiten. Die Zuckermenge hängt davon ab, wie süß die Früchte sind. Für herb-saure Beeren braucht man mehr Zucker als für süße Äpfel.
- Sie können auch Früchte mischen. Zu hellen Äpfeln oder Birnen passen rote Beeren oder Kirschen gut.
- Mehl mit Butter zu einer krümeligen Masse vermischen, für herbe Früchte zusätzlich Zucker untermischen. Die Mischung auf den Früchten verteilen. Nach Belieben mit Haferflocken oder Müsli (ohne Trockenfrüchte) bestreuen und Butterflöckchen daraufsetzen.
- Wer mag, streut noch gehobelte Mandeln oder gehackte Nüsse darüber.
- Backen, bis die Kruste braun wird und man am Rand die Früchte brodeln sieht.

275. Kugel fallen lassen

Es ist gar nicht so einfach, mit klebrigen Löffeln gleichmäßige Portionen von klebrigem Plätzchenteig auf ein Backblech zu setzen.

- Einfacher geht es mit einem kleinen Eiskugelformer, den Sie zwischendurch immer wieder in kaltes Wasser tauchen.

276. Bröselige Kekse

Eigentlich sollten die leckeren Hafer-Rosinen-Plätzchen weich und saftig werden – aber aus unerklärlichen Gründen sind sie hart und krümelig. Das schafft Abhilfe:

- Zehn Sekunden in der Mikrowelle erwärmen.
- Hilft das nicht, mit heißer Milch einpinseln und im lauwarmen Ofen (ca. 110 °C) fünf Minuten backen.
- Wenn Sie die Plätzchen im Kühlschrank aufbewahren, legen Sie ein Stück gebackenen Apfel mit in die Dose – er gibt Feuchtigkeit ab.

■ Grillgeheimnisse

277. Mais nicht auspacken

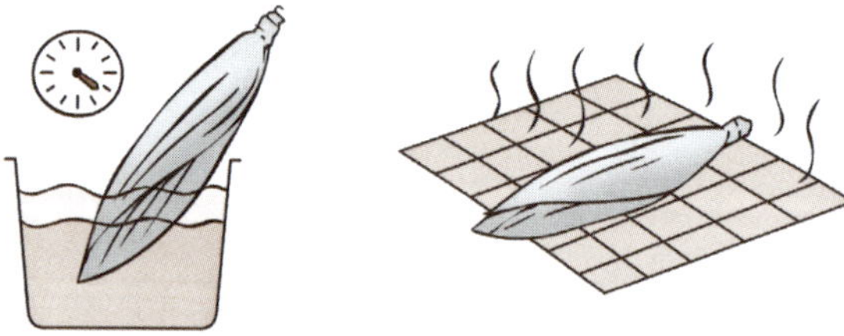

Zum Grillen die Maisblätter nicht entfernen.

- Die ganzen Kolben samt Hüllblättern 20 Minuten in Wasser einweichen, ehe sie gegrillt werden.
- So können Sie sicher sein, dass die Blätter nicht verkohlen und Ruß auf den Kolben landet.
- Die dunklen Blätter vor dem Servieren ablösen. Die Maiskolben sehen so sauber aus, als wären sie gekocht – aber sie haben den tollen, rauchigen Grillgeschmack.

278. Aus dem Eis aufs Feuer

Es ist praktisch, einen Vorrat Burger und Fleischklößchen im Gefrierschrank zu haben. Aber wenn man sie in der Pfanne aufbraten will, spritzt es mächtig.

- Die Klöße/Burger auf Pergamentpapier auf ein Backblech legen.
- Mit Öl einpinseln und unter dem Grill bräunen.
- Wenn eine Seite fertig ist, den Grill abschalten und warten, bis die Klöße nicht mehr zischen. Dann herausnehmen und die andere Seite einpinseln. Den Grill wieder einschalten und fertig bräunen.
- Tauen Sie gefrorenes Hackfleisch nicht in der Mikrowelle auf, wenn Sie es noch bräunen wollen. In der Mikrowelle gibt es Wasser ab und wird matschig.

279. Grillmuster

m Restaurant hat gegrilltes Fleisch und Gemüse oft ein perfektes Rautenmuster. Das gelingt zu Hause mit einer Grillpfanne.

Nach der Hälfte der Garzeit jeder Seite (!) das Stück Fleisch oder Gemüse mit einer Grillzange anheben und um ca. 90° drehen.
Auf der anderen Seite ebenso verfahren, dann erhalten Sie auf beiden Seiten ein Karomuster aus braunen Streifen.

280. Grillspieße einweichen

Holz- oder Bambusspieße zum Grillen sollten vorher eingeweicht werden.

Die Spieße mindestens zehn Minuten in Wasser legen, damit sie beim Grillen nicht verbrennen. Sie können das Fleisch zwar frühzeitig marinieren, aber aufgespießt nicht längere Zeit im Kühlschrank aufbewahren.
Das Fleisch erst kurz vor dem Grillen aufspießen.

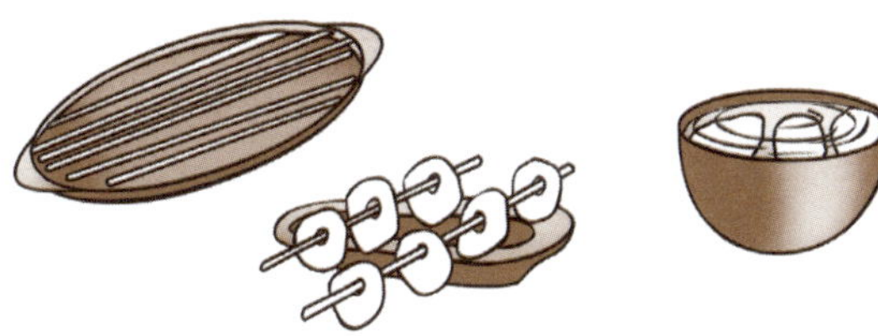

Kühlen und Einfrieren

Vorgekochte und halbfertige Gerichte einfrieren; durchdachte Vorratshaltung im Gefrierschrank; Dips und Marinaden pfiffig vorbereiten – servierfertig im Handumdrehen. Richtig verstauen; auftauen ohne Umstände. Was Sie nicht einfrieren sollten – und wie Sie Getränke kühlen, ohne sie zu verwässern.

■ Eiskalt

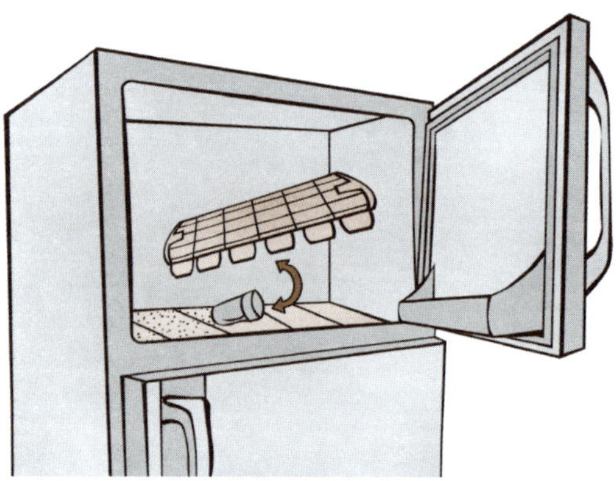

281. Festgefroren

Haben Sie auch schon einmal an der Eiswürfelform gezerrt, um sie aus dem Gefrierfach zu lösen?

- Streuen Sie etwas Salz auf den Boden des Eisfachs oder der Metalleiswürfelform, dann kann künftig nichts mehr festfrieren.

282. Eis mit Einlage

Auch ohne spezielle Formen können Sie Eiswürfeln etwas mehr Pfiff geben.

- Einfach dünne Zitronenscheiben, Oliven, Kapern oder Maraschinokirschen mit einfrieren – eine hübsche Dekoration für Drinks.
- Ungewöhnliche Einlagen sehen originell aus und beeinflussen den Geschmack nicht: Sonnenblumenkerne, Sternanis, gelbe Minitomaten, ein Stück Lakritzkonfekt …
- Wer den Zeitpunkt abpasst, wenn das Wasser halb gefroren ist, kann ein Tröpfchen Lebensmittelfarbe (Paste) oder farbigen Sirup zugeben. Der Zusatz verteilt sich nur halb und bildet interessante Schlieren.

283. Besser als Eiswürfel

Eiswürfel haben den Nachteil, dass sie beim Schmelzen die Getränke verwässern.

- Die Getränke bleiben gehaltvoller, wenn Sie verdünnte Fruchtsäfte (1:1 mit Wasser) einfrieren. Aus der Form nehmen, in Gefrierbeutel füllen und beschriften.

Lecker ist selbst gemachte Zitronenlimonade mit Würfeln aus gefrorenem Orangensaft.

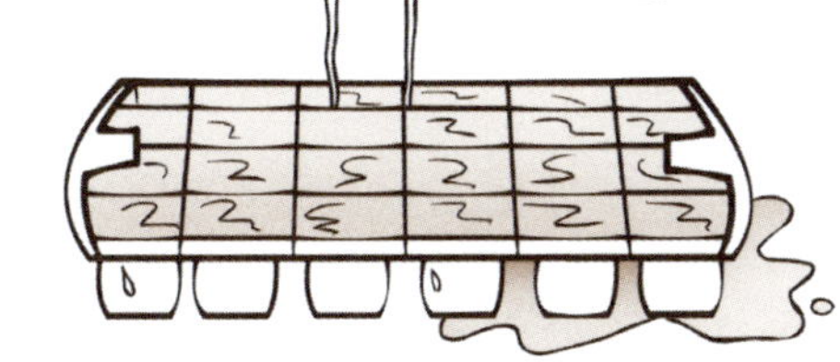

284. Kaltschale

Eine schöne Idee, um an heißen Sommertagen kühle Desserts zu servieren.

- Sie brauchen zwei Plastikschüsseln, eine etwas kleiner als die andere.
- Die kleine Schüssel in die große hängen. Dazu beide an den Rändern auf gleicher Höhe mit Klebestreifen fixieren, sodass das Klebeband den Zwischenraum der Schüsseln überbrückt. Der Boden der kleinen Schüssel darf den der großen nicht berühren.
- Den Zwischenraum bis 2 cm unter dem Rand mit Wasser füllen. Einfrieren.
- Zum Servieren etwas heißes Wasser in der inneren Schüssel schwenken, damit sie sich löst.
- Dann die äußere Schüssel kurz in heißes Wasser tauchen und abnehmen – fertig ist die Schüssel aus Eis.

285. Eisblumen

Essbare Blüten sind eine hübsche Dekoration für Desserts und Getränke. Es müssen ja nicht immer gezuckerte Veilchen und Rosenblüten sein.

- Eine Eiswürfelform mit kaltem Wasser füllen und die Blüten vorsichtig mit einer Pinzette hineinlegen. Einfrieren. (Der Unterschied zu *Tipp 282* besteht darin, dass das Wasser schon sehr kalt sein muss, damit die Blüten ihre Form und Farbe behalten.)
- Sie können auch mit der Pinzette Blüten oder Blütenblätter in das Wasser für die Eisschale (*siehe Tipp 284*) legen, wenn Sie ein ganz besonderes Dessert servieren.

Konservieren im Eis

286. Metalldeckel loseisen

ɬetallformen vertragen Kälte gut, man kann ogar Rührteig in der Form einfrieren und päter in den Ofen schieben. Metalldeckel ieren allerdings gern an den dazugehörigen ehältern fest.

Legen Sie Pergamentpapier auf den Behälter, bevor Sie den Deckel auflegen. Die Papierränder überstehen lassen.
Um einen festgefrorenen Deckel zu lösen, ein Geschirrtuch in heißes Wasser tauchen, auswringen und um den Deckel wickeln.
Beim nächsten Mal auf den Deckel verzichten und stattdessen Frischhaltefolie und zusätzlich Alufolie verwenden.

287. Sahne einfrieren

Sahne verdirbt schnell, man kann sie also schlecht auf Vorrat kaufen.

- Wegen des hohen Fettgehalts lässt sich stichfeste Sahne aber gut einfrieren.

288. Käse im Eis

Wenn Sie mehr Käse im Kühlschrank haben, als Sie in den nächsten Wochen verbrauchen können, frieren Sie ihn doch ein.

- Vollfetter Hartkäse kann problemlos eingefroren werden.
- Im Kühlschrank auftauen. In zwei Lagen Küchenpapier wickeln, das die Feuchtigkeit aufnimmt. Nach dem Auftauen den Käse in Pergamentpapier wickeln und binnen einer Woche verbrauchen.
- Gefrorener Käse lässt sich leicht reiben. Sie können auch Häufchen von frisch geriebenem Käse auf einem Tablett einfrieren und dann in Gefrierbeutel umfüllen, um ihn später portionsweise zu entnehmen.
- Weichkäse wird nach dem Auftauen leicht matschig, lässt sich aber statt durch Einfrieren gut in Öl konservieren. Vor allem Fetakäse bekommt ein Bad in Olivenöl mit Zusätzen, z. B. Chili, Kreuzkümmel, Knoblauch, Salbei oder Rosmarin.
- Cremigen Frischkäse kann man zu Kugeln formen und auf die gleiche Weise in Öl einlegen.
- Camembert und Brie kann man hervorragend einfrieren, sofern sie nicht zu reif sind.

289. Eier einfrieren

Ja, Eier kann man einfrieren, aber nur wenn man sie vorher trennt.

- Wenn beim Backen Eigelb übrig bleibt, frieren Sie es ein. Im Kühlschrank trocknet Eigelb schnell aus (höchstens einen Tag aufbewahren, mit kaltem Wasser bedeckt) und bekommt eine Haut. Gefrorenes Eigelb binnen drei Monaten verbrauchen.
- Je nachdem, ob Sie das Eigelb in süßen oder herzhaften Gerichten verwerten wollen, können Sie es vor dem Einfrieren mit etwas Salz oder Zucker bestreuen.

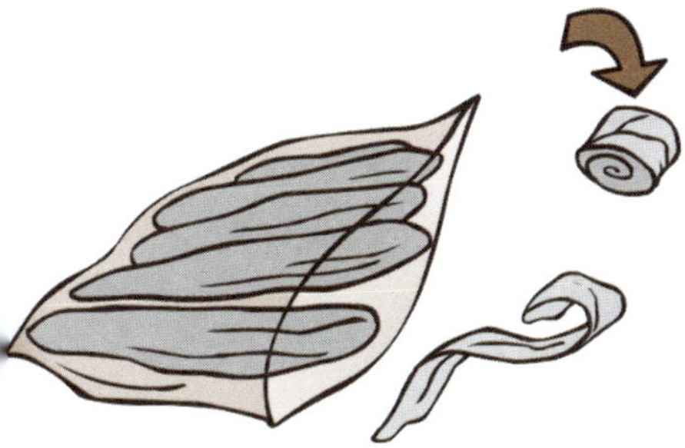

290. Speckröllchen

Wie jedes Fleisch hält sich auch Frühstücksspeck tiefgefroren länger. Gut zu wissen, wenn man eine Großpackung gekauft hat. Es ist aber kaum möglich, die Scheiben im gefrorenen Zustand voneinander zu trennen.

- Die Scheiben einzeln aufrollen und dann in einen Gefrierbeutel legen. So kann man sie einzeln entnehmen.

291. Nüsse kühl und eisig

Nüsse halten sich im Kühlschrank mehrere Monate lang. Noch besser sind sie im Gefrierschrank aufgehoben.

- Die Kühlung verhindert, dass das enthaltene Fett ranzig wird.
- Nüsse kann man etwa ein Jahr lang einfrieren.
- In einem luftdicht schließenden Gefäß bildet sich kein „Raureif“.

292. Pilze in Bestform

Frische Pilze sollten am Tag des Einkaufs (oder des Sammelns) verbraucht werden. Ist das nicht möglich, frieren Sie sie ein. Zum Braten und Grillen eignen sie sich nach dem Auftauen nicht mehr, wohl aber für Schmorgerichte, Eintöpfe und Saucen.

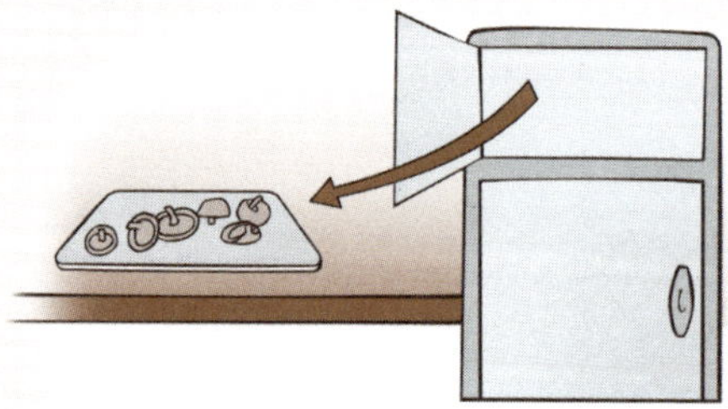

- Feste Sorten vertragen die Kälte besser als schwammige. Shiitake-Pilze, Pfifferlinge und kleine Champignons mit geschlossenen Köpfen eignen sich besser zum Einfrieren als große Champignons mit offenen Köpfen oder weichstielige Enoki-Pilze.
- In einem Topf Salzwasser zum Kochen bringen.
- Ein Backblech mit Pergamentpapier auslegen.
- Die Pilze mit Küchenpapier säubern, Stielenden entfernen und die Pilze in dünne Scheiben schneiden.
- Eine Minute blanchieren, dann abgießen.
- Auf dem Backblech 30–40 Minuten einfrieren.
- Die Pilze in einen Gefrierbeutel füllen und wieder einfrieren.

293. Weiches Obst? Sorbet!

Wenn Beeren oder Steinobst (z. B. Pfirsiche) nicht mehr ganz makellos aussehen, sind sie noch nicht schlecht.

- Pürieren und mit halb so viel Saft verrühren, einfrieren, fertig!

294. Zitrusscheiben

Überschuss an Orangen oder Zitronen?

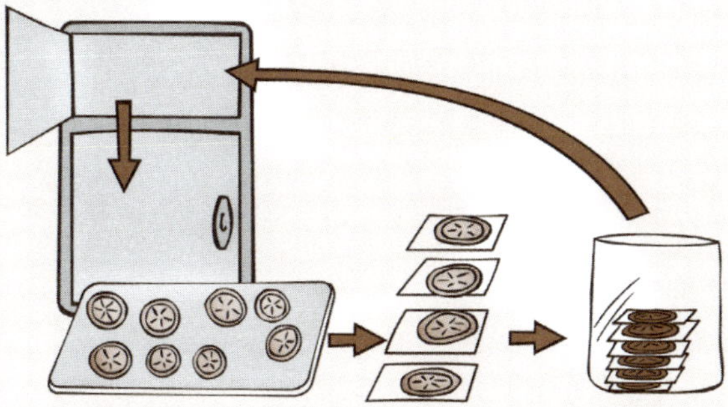

- Einfrieren zum Kochen oder Garnieren! Dünne Scheiben schneiden und auf einem Backblech nebeneinanderliegend gefrieren. Vorsichtig abnehmen, zu Türmchen aufstapeln (Pergamentpapier dazwischenlegen!) und in Beuteln einfrieren.
- Anstelle von Eiswürfeln in Sangria und andere Getränke geben – im Sommer sehr erfrischend.
- Für eine schöne Oberfläche den Boden einer Kuchenform damit einander überlappend auslegen und den Kuchen nach dem Backen auf die Servierplatte stürzen.
- Sie können auch Ramequin-Förmchen für Desserts, die im Wasserbad gegart werden, mit den Scheiben auslegen.

295. Frische Früchte aus dem Eis

Oft braucht man für ein Rezept nur ein kleines Stück Zitronen- oder Orangenschale. Gut, wenn man immer etwas zur Hand hat.

- Wenn Zitrusfrüchte Saison haben, kaufen Sie größere Mengen ein.
- Die Schalen abreiben und die Früchte auspressen.
- Schale und Saft separat in Eiswürfelbereitern einfrieren, später in Beutel umfüllen.
- Der Saft kann gefroren an Saucen und Smoothies gegeben werden (anstelle von zerstoßenem Eis, das den Geschmack verwässert).
- Die Schale würfelweise auftauen und für Kuchenteig verwenden.

296. Slush

Halb gefrorene Getränke sind im Sommer erfrischend. Man nennt sie auch „Slush".

- Saft von einer oder mehreren Fruchtsorten einfrieren, bis sich Kristalle bilden und die Masse halbfest ist.
- Gläser bis zur Hälfte mit dem Slush füllen und mit gekühltem Ginger Ale aufgießen.
- Die Gläser in eine Manschette stellen, damit der Saft nicht durch die Handwärme schmilzt. Mit Strohhalm servieren.

297. Kräuter auf Eis

Oft braucht man nur ein halbes Bund Kräuter – und der Rest verwelkt.

- Die frischen Kräuter klein schneiden und in Eiswürfelformen geben.
- Wasser zugießen und einfrieren.
- Die gefrorenen Kräuterwürfel in Gefrierbeutel umfüllen.

Jetzt haben Sie jederzeit Kräuter für Schmorgerichte, Suppen, Eintöpfe und Getränke griffbereit.

298. Kräuter auffrischen

ehen die Kräuter im Kühlschrank etwas chlapp aus? Solange die Blätter noch nicht elb oder fleckig und die Stiele nicht schleinig sind, kann man sie noch einfrieren.

Pürieren oder fein hacken und in Eiswürfelformen füllen. Fest andrücken, dann braucht kein Wasser aufgefüllt zu werden. Für Suppen und Eintöpfe verwenden.

Für eine Sauce die Kräuter zusammen mit Sahne erhitzen und abschmecken.

Fleisch zum Braten mit den Kräutern sowie mit Knoblauch, Zitronensaft und Salz einreiben.

Welkende Kräuter können noch für selbst gemachte Kräuterbutter benutzt werden (*siehe Tipp 410*).

299. Nicht einfrieren!

Wasser dehnt sich beim Gefrieren aus. Das bekommt manchen Lebensmitteln schlecht.

- Durch die Ausdehnung können die Zellwände von Gemüse platzen. Gemüse mit hohem Stärkeanteil wird dadurch weich und zäh. Kartoffeln sollte man weder roh noch gekocht einfrieren (einzige Ausnahme: für Suppen, die püriert werden).
- Knackiges Gemüse wie Stangensellerie, Salat, Gurken und Paprika wird weich.
- Ganze, rohe Eier platzen beim Einfrieren. Gekochtes Eigelb kann eingefroren werden, gekochtes Eiweiß wird aber ledrig.
- Käsekuchen verträgt Minusgrade nur, wenn er Stabilisatoren enthält. Selbst gebackenen Käsekuchen sollten Sie lieber aufessen.

■ Gut gekühlt

300. Länger haltbar

Selbst trockene Lebensmittel verderben nach dem Öffnen der Packungen schneller, weil zunehmend mehr Luft an den Inhalt gelangt. Besonders gefährdet sind Lebensmittel, die Fett enthalten – es kann ranzig werden. Das gilt z. B. auch für Nüsse im Müsli.

- Wenn eine Packung nach dem Öffnen nicht binnen eines Monats verbraucht wird, bewahren Sie sie nicht im Küchenschrank auf, sondern im Kühlschrank.

301. Milch nicht umfüllen

Flüssige Molkereiprodukte wie Milch, Sahne und Joghurt sollten in ihren Originalbehältern bleiben, sofern diese unversehrt sind.

- Diese Lebensmittel verderben schnell. Beim Umfüllen können sie mit Keimen in Berührung kommen oder den Geschmack anderer Lebensmittel im Kühlschrank annehmen.

303. Vinaigrette aus dem Kühlschrank

Selbst gemachtes Salatdressing schmeckt lecker und hält sich eine Woche, wenn es keine frischen Kräuter oder Knoblauch enthält.

- Für eine Vinaigrette brauchen Sie einen Esslöffel Essig und einen Teelöffel Senf auf drei Esslöffel Olivenöl. Salz und Pfeffer nach Geschmack zugeben.
- Variieren Sie mit Gewürzen und getrockneten Kräutern, z. B. Fenchel, Kreuzkümmel oder Koriander, Knoblauch- oder Chiliflocken, einem Spritzer Balsamico oder zerriebenen, getrockneten Kräutern.
- Sie können auch Würzessig, aromatisiertes Öl oder einen speziellen Senf verwenden.
- In ein Schraubglas füllen, in den Kühlschrank stellen und vor der Verwendung kräftig schütteln. Knoblauch, frische Kräuter oder sonnengetrocknete Tomaten erst direkt vor dem Servieren unterrühren.

302. Fisch perfekt kühlen

Sie wollten frisches Fischfilet braten, aber dann kam es anders? Nicht einfrieren, sonst geht die Konsistenz verloren.

Frischfisch, der nicht sofort zubereitet wird, in einer Haushaltsdose auf eine Schicht Eis legen und mit zerstoßenem Eis bedecken. In den Kühlschrank stellen.
So sparen Sie sich lange Auftauzeiten, und der Fisch behält seine feine Konsistenz.

304. Sahneträume

Einen Rest Sahne können Sie mit ungewöhnlichen Zutaten in eine herrliche Sauce zu einem Dessert verwandeln.

Am besten die Sahne erhitzen und die Aromazutaten eine Weile darin ziehen lassen.

- Ein Löffel Rum und eine Zimtstange.
- Ein Esslöffel zerdrückte, duftende Rosenblütenblätter oder getrocknete Lavendelblüten.
- Einige leicht zerdrückte Kardamomkapseln – köstlich im Winter.
- Etwas Rosmarin und einen Löffel gemahlene Mandeln.

305. Gelb hält länger

Gekochter Reis hält sich im Kühlschrank nicht lange.

- Wenn Sie für zwei Tage kochen, geben Sie etwas Kurkuma ins Wasser. Dadurch schmeckt der Reis besser und hält sich etwas länger.
- Der Trick funktioniert auch mit Gemüse und Linsen, vor allem in Suppen. Wer das grelle Gelb nicht mag, tönt es mit Tomaten, Karotten, Kürbis oder anderem rötlichen Gemüse ab.

306. Wieder ausrollbereit

Fertigfondant zum Ausrollen trocknet schnell aus. Das soll er eigentlich auch, denn er dient der Zeitersparnis.

Reste fest in Frischhaltefolie wickeln und in einer luftdicht schließenden Dose bis zum Verbrauch in den Kühlschrank stellen.
Vor der Verwendung gut durchkneten. Wenn er sehr fest ist, einige Tropfen Zitronensaft oder Glycerin unterkneten.

307. Glasur für später

Zuckerpaste ist nicht so fest wie Fondant und trocknet nicht ganz so schnell aus. Aber auch solche Fertigglasuren haben ihre Tücken.

- Glasuren aus Puderzucker bilden eine Haut, die rissig wird. In den Rissen sammelt sich Feuchtigkeit, die das Verderben beschleunigen kann.
- Fettglasur kann grobkörnig werden und den Glanz verlieren, wenn sie zu lange steht.
- Aufgeschlagene Glasuren fallen zusammen, wenn der Zucker Luftfeuchtigkeit bindet und dadurch schwerer wird.
- Alle Glasuren in einem luftdicht schließenden Gefäß im Kühlschrank aufbewahren. Aber zuerst ein Stück Frischhaltefolie auf die Oberfläche drücken, um Luftkontakt zu reduzieren.
- Binnen zwei bis drei Tagen verbrauchen.

308. Brot und Kälte

Brot gehört nicht in den Kühlschrank. Dort herrscht hohe Luftfeuchtigkeit, die das Gemüse knackig hält, aber auf Brot die Schimmelbildung begünstigt. Das geht schnell, da zur Herstellung vieler Sorten Brot und Brötchen Hefekulturen verwendet werden.

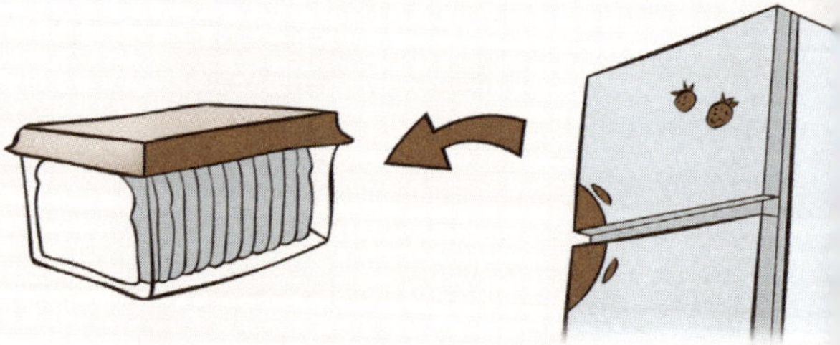

Frisches Brot sofort einfrieren oder in einem kühlen Raum in einem luftdicht schließenden Behälter aufbewahren.

■ Kälte und Hitze

309. Man erhitzt nur zweimal

Nämlich einmal, um ein Gericht zu kochen, und noch einmal, um es nach dem Einfrieren wieder aufzutauen. Aber nicht öfter!

- Niemals Lebensmittel nach dem Auftauen wieder einfrieren.
- Beim Aufwärmen müssen Lebensmittel, die eingefroren waren, sorgfältig durchwärmt werden.
- Wenn Sie ein Gericht einfrieren wollen, tun Sie es zügig. In kleine Gefäße umfüllen, abkühlen lassen und dann gleich in den Gefrierschrank stellen. Selbst wenn sich keine Keime ansiedeln, können die Temperaturveränderungen die Konsistenz von Fleisch und Gemüse negativ beeinflussen.

310. Aus dem Eis aufs Feuer

Wussten Sie, dass man ein Soufflé am Vortag vorbereiten und einfrieren kann?

- Den Soufflé-Teig zubereiten und in die Backformen füllen.
- Sofort mit kältebeständiger Frischhaltefolie abdecken, damit der Eischnee nicht zusammenfällt. Die Schnellgefrierstufe (schockgefrieren) einschalten, falls Ihr Gerät darüber verfügt.
- Aus dem Gefrierschrank nehmen und ein flaches Kreuz in die Oberfläche ritzen, damit beim Auftauen der Dampf entweichen kann.
- Gefroren in den Ofen schieben und fünf Minuten länger backen als ein frisch angerührtes Soufflé.

311. Heiß und kalt

Handelsübliches Tiefkühlgemüse wird speziell behandelt, damit Farbe und Konsistenz erhalten bleiben.

Auch die eigene Ernte kann man einfrieren, allerdings muss man mit einigen Veränderungen rechnen.

- Obst kann beim Einfrieren braun werden, Gemüse kann blasser oder gelblich werden.
- Um das zu vermeiden, säuert man Obst. Alle Früchte nehmen Ascorbinsäure auf, aber die Menge variiert von Sorte zu Sorte. Ermitteln Sie die richtige Menge für Ihr Obst.
- In Smoothies, Grütze und Saucen stört es nicht, wenn sich die Farbe verändert oder die Konsistenz etwas weicher wird.
- Gemüse sollte man vor dem Einfrieren kurz blanchieren.
- Das heißt, dass sie später nur kurz gekocht werden müssen. Darum kann man gekauftes Tiefkühlgemüse direkt aus dem Eis in den Topf geben.
- Gefrorenes Gemüse, das nicht blanchiert wurde, hat eine längere Garzeit. Sie müssen zur normalen Kochdauer noch die Zeit addieren, die es zum Auftauen braucht.

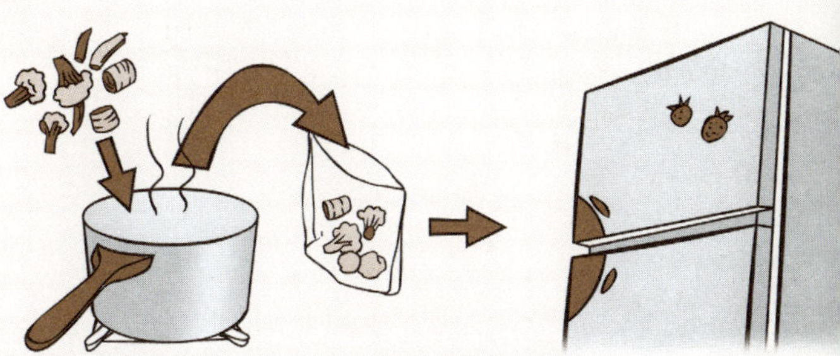

312. Frisch aus dem Ofen

Plätzchen kann man – wie Brot – etwa sechs Monate lang einfrieren. Der rohe Teig hält sich aber doppelt so lange.

- Den Teig zur Rolle formen und einfrieren.
- Wenn Sie Appetit auf Plätzchen haben, einfach mit einem scharfen Messer Scheiben abschneiden und gefroren in den heißen Ofen schieben.
- Wenn Sie die Plätzchen unmittelbar vor dem Essen in den Ofen schieben, sind sie zur anschließenden Tasse Kaffee fertig.

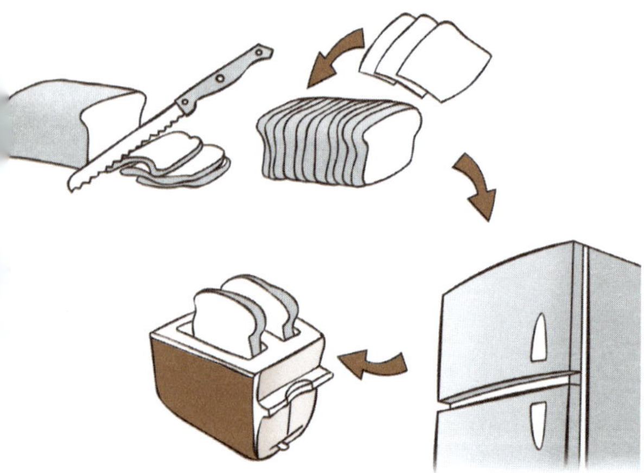

313. Erst schneiden, dann einfrieren

Bei Plätzchen lautet die Reihenfolge „einfrieren – schneiden – backen". Für Brot gilt die umgekehrte Reihenfolge.

- Den Brotlaib in Scheiben schneiden (wenn er gefroren ist, kostet das viel Kraft). Pergamentpapier zwischen die Scheiben legen, dann einfrieren.
- Die einzelnen Scheiben sind in wenigen Minuten aufgetaut. Toast kann sofort in den Toaster.

314. Kalter Kaffee

Kaffeebohnen bleiben länger aromatisch, wenn sie luftdicht verschlossen eingefroren werden. Man kann sie gefroren mahlen.

Einfach genügend Kaffeebohnen für eine Portion herausnehmen, mahlen und sofort aufbrühen. Lässt man die Bohnen bei Zimmertemperatur auftauen, binden sie Feuchtigkeit und können verderben.

315. In Form gefroren

Wenn Sie nicht viele Gefrierdosen haben, dürfen nicht alle monatelang im Gefrierschrank verschwinden.

Pasteten oder Puddings, die in einer bestimmten Form gebacken werden sollen, kann man nicht in einer anderen Form zubereiten und auftauen. Muss also die Backform mit ins Eis? Nein. Einfach die Form mit zwei Schichten Alufolie auslegen. Die Folie großzügig über den Rand ragen lassen, sodass sich die Oberseite damit ganz bedecken lässt. Die Form füllen und einfrieren. Dann das Folienpaket vorsichtig aus der Form nehmen und in einen Gefrierbeutel geben. Zeit zum Auftauen? Das Gericht aus der Folie wickeln – es ist ein Eisblock in der gewünschten Form. In die Backform setzen und garen oder aufwärmen. Eine saubere Lösung.

Resteverwertung

Wie man aus Resten vom Vortag einen kleinen Mittagsimbiss zaubert, einfache Zutaten aufpeppt, Beilagen zu einer Hauptmahlzeit streckt und süße Überraschungen zaubert.

■ Aus wenig mach viel

316. Spaghetti-Imbiss

Ein Superrezept, bei dem quasi jede Art übrig gebliebene Pasta verwertet werden kann. Achten Sie nur darauf, dass das Gemüse zur Pastasauce passt.

- Zwiebeln und klein geschnittenes Gemüse in einer großen Pfanne andünsten.
- Die Pasta untermischen.
- Ein paar Eier mit einem Schuss Sahne verquirlen würzen und in die Pfanne gießen. Gemüse und Pasta sollten bedeckt sein.
- Wenn die Eiermasse auf der Unterseite gestockt ist, die Oberfläche mit geriebenem Käse bestreuen. Die Pfanne unter den heißen Backofengrill stellen und gratinieren.

Für dieses Gericht lohnt es sich sogar, Pasta extra dafür zu kochen. Oder kochen Sie gleich die doppelte Menge Pasta, die Sie für ein anderes Gericht brauchen, und bereiten Sie aus den Resten diese Frittata zu.

317. Aufgepeppter Reis

;ekochter Reis sollte nicht länger als einen ;ag im Kühlschrank aufbewahrt werden *siehe Tipp 305*). Peppen Sie ihn doch für ie nächste Mahlzeit auf mit:

- Gebratenen Pilzen
- Gerösteten Zwiebeln
- Gerösteten Nüssen und Kürbiskernen
- Geriebenem oder zerkrümeltem Käse
- Gemüsemais/Erbsen und Karottenwürfeln
- Abgetropften Bohnen oder Linsen aus der Dose und je einer Prise Kreuzkümmel und Chili
- Frisch gehackten Kräutern, Frühlingszwiebeln oder Schalotten
- Rosinen, gerösteten Kokosflocken und Kurkuma

318. Gebratener Reis

;alter Reis vom Vortag lässt sich eigentlich esser braten als frisch gekochter, weil er icht matschig wird. Durch die Kühlung ;ird nämlich die äußere Stärkeschicht fest.

- Etwas Erdnuss- oder Sesamöl erhitzen.
- Etwas gehackten Pak Choi und ausgelöste Garnelen mit zerdrücktem Knoblauch unter Rühren anbraten. (Sie können auch Frühlingszwiebeln, Paprika und Sesamsaat verwenden.)
- Wenn das Blattgemüse zusammenfällt, ein paar Löffel Teriyaki-Sauce unterrühren.
- Den Reis dazugeben und unter Rühren erhitzen.
- Servieren.

Von der Beilage zum Hauptgericht

319. Currycremesuppe

Übrig gebliebenes Fleisch oder Fisch lässt sich in einer leckeren Cremesuppe verwerten.

- Zwei gehackte Zwiebeln andünsten.
- Zwei kleine Dosen Gemüsemais dazugeben.
- Mit 300 ml Milch und 600 ml Brühe ablöschen.
- Mit getrockneten Kräutern oder Currypulver würzen.
- 20 Minuten einkochen lassen.
- Währenddessen das Fleisch oder den Fisch (250 g reichen) in kleine Stücke schneiden.
- Die Suppe mit einem Stabmixer glatt pürieren.
- Fleisch- oder Fischstücke unterrühren und erhitzen.
- Mit Toast oder Knoblauchbaguette servieren.

320. Grüne Bohnen

Übrig gebliebene gedünstete oder gekochte grüne Bohnen verlieren ihre knackige Konsistenz und ihre schöne grüne Farbe, wenn man sie einfach so in den Kühlschrank stellt.

- Die Bohnen erst mit Eiswasser bedecken, dann in den Kühlschrank stellen.
- Zum Wiederaufwärmen die Bohnen abtropfen lassen und mit etwas Knoblauch und Tomaten oder Zitronensaft und -schale unter Rühren anbraten.
- Mit etwas geriebenem Pecorino oder Parmesan oder gerösteten Mandeln bestreuen.

321. Ofengemüse

Für Reste von gebratenem Wurzelgemüse aus dem Ofen brauchen Sie nicht viel mehr als ein paar Gewürze und Kräuter und Rundkornreis oder Nudeln.

Falls das Ofengemüse schon gut gewürzt ist, keine weiteren Kräuter oder Gewürze dazugeben. Falls nicht, lässt sich die natürliche Süße des Gemüses mit Gewürzen wie Koriander, Kreuzkümmel oder Chili betonen.
Rosmarin und Salbei passen gut zu Wintergemüse. Röstzwiebeln schmecken sehr gut dazu.
Einen einfachen Risotto mit Brühe, nicht mit Wein zubereiten. Das in Würfel geschnittene Ofengemüse fünf Minuten vor Ende der Garzeit untermischen. Mit geriebenem Parmesan oder Pecorino bestreut servieren.
Sie können auch Nudeln kochen und das Gemüse untermischen. Nach Belieben geröstete Haselnüsse, Maronen oder Walnüsse dazugeben. Zum Binden noch etwas Blauschimmelkäse oder saure Sahne unterrühren.
Das Ofengemüse schmeckt auch pur mit einem Blauschimmelkäse-Salatdressing und kross gebratenen Speckstreifen.

322. Mediterranes Gemüse

Aus den Resten von gebratenem Sommergemüse wie Zucchini, Auberginen, Paprika und Tomaten lässt sich ebenfalls eine leckere Mahlzeit zubereiten.

- Für einen Risotto das Gemüse gegen Ende der Garzeit unterrühren. Einen Esslöffel Pesto oder Rouille untermischen.
- Bei Nudeln eine Vinaigrette mit scharfem Senf oder Pesto untermischen. Für einen kalten Nudelsalat Gemüse und Nudeln mit einem Balsamico-Dressing vermengen. Als Kräuter passen frische Minze oder Basilikum dazu. Nach Belieben Mozzarellabällchen oder -würfel untermischen.
- Für Mini-Pizzas als Boden getoastete Pita-Brote verwenden, mit Tomatenpesto bestreichen, dann mit dem Gemüse, geriebenem Käse und Pinien- oder Sonnenblumenkernen belegen.
- Für eine Gemüsesuppe eine Dose gehackte Tomaten mit derselben Menge Brühe zum Kochen bringen. Das Gemüse mit ein paar Suppennudeln und/oder Bohnen aus der Dose hineingeben und in sieben bis zehn Minuten gar kochen.

323. Alles Käse, oder was?

Eine gute fertige Käsesauce kann aus ein paar Resten einen leckeren Auflauf machen. Hier ein paar tolle Kombinationen:

- Gebratenes Hähnchenfleisch in Streifen, Schinken und Porree
- Gebratene Pilze und Erbsen
- Erbsen, Spargel, Brokkoli oder Spinat mit Schinken oder Speck
- Hackbraten (in Scheiben) mit Salbei, Zwiebeln und vielleicht etwas klein geschnittenem Apfel
- Ananasstücke und Fleisch
- Bohnenmus (frijoles refritos) und Brokkoli
- Oder aber der klassische überbackene Blumenkohl, aufgepeppt mit ein paar Orangenspalten
- Mit Makkaroni wird daraus eine komplette Mahlzeit.

324. Asiatisches Curry

Sie haben ein leckeres asiatisches Curry gemacht und im Wok schwimmen noch ein paar Gemüse- und Fleischstücke in reichlich Sauce? Nicht wegschütten!

- Ein paar frische Fischstücke dazugeben und aufwärmen – fertig ist ein schnelles neues Curry. Zum Schluss noch einen Spritzer Limettensaft und etwas frischen Koriander dazugeben.
- Eine Dose abgetropfte Bohnen unterrühren, bevor die Reste kalt gestellt werden. Nach dem Wiederaufwärmen nochmals abschmecken.
- Die Currysauce zu Pasta, insbesondere Tortellini, servieren.
- Das Curry mit klein geschnittener grüner Paprika und Pilzen aufwärmen und mit Reis servieren.
- Das Curry dick einkochen und zu Bratwürstchen oder Burgern servieren.
- Das Curry bei geringer Hitze mit Kokosmilch oder Naturjoghurt strecken und blanchierte grüne Bohnen oder klein geschnittene Karotten unterrühren. Perfekt mit asiatischen Eiernudeln.
- Ein indischer Trick: ein paar Eier hart kochen, halbieren und in einer Pfanne anbraten. Dann in Curry geben.

325. Sangria-Fruchtsalat

Übrig gebliebene Sangria lässt sich in eine Dessertsauce verwandeln.

- Die Sangria mit noch vorhandenen Fruchtstücken passieren.
- Mit einer Prise Piment einkochen.
- Währenddessen frisches Obst schälen und klein schneiden.
- Wenn die Flüssigkeit zu einem dicken Sirup eingekocht ist, über die Früchte gießen.
- Warm oder kalt servieren.

326. Pudding und Eis!

Haben Sie Rührkuchen übrig?

- Den Kuchen zerkrümeln und unter weiches Vanille-, Karamell- oder Orangeneis mischen.
- Der Kuchen muss nicht ganz fein zerkrümelt werden – das Besondere sind ein paar größere Stückchen im Eis.
- Durch einen Schuss Weinbrand, Whisky oder Likör wird das Dessert „gehaltvoller".
- In Eisbecher füllen und servieren.

327. Eiskalt

Hier ist ein Milchshake, den niemand als „Resteverwertung" bezeichnen würde.

- Falls Sie Kuchen, Plätzchen oder Muffins, die zum Essen zu trocken geworden sind, eine zweite Chance geben wollen, mixen Sie sie (zerkrümelt) mit Eiscreme und eiskalter Milch.

Essen lernen am Familientisch

Alles, was Sie wissen müssen, um Ihr Kind ans Essen am Tisch zu gewöhnen. Altersgerechtes Essen. Tricks für weniger Stress am Tisch. Essen für die ganze Familie – vom Junior bis zum Senior – aus einem Topf.

■ Essen für Kleinkinder

328. Klein, aber oho

Sorgen Sie für Abwechslung auf dem Teller, damit Ihr Kind viele Lebensmittel, Konsistenzen und Aromen kennen lernt.

- Kochen Sie regelmäßig fleischfrei.
- Bieten Sie Fleisch in unterschiedlichen Erscheinungsformen an: kurz gebraten, in Scheiben geschnittener Schmorbraten, als Gulasch oder auch einmal Würstchen.
- Lassen Sie den Teller bunter werden, z. B. Rotkohl anstelle von Weißkohl; grünes Blattgemüse anstelle von Eisbergsalat; orangefarbene Süßkartoffeln anstelle von Kartoffeln.

- Sorgen Sie für Vielfalt, z. B. ein gemischter Salat anstelle eines rein grünen Salats; verschiedene Nudelformen statt immer Spaghetti.
- Probieren Sie andere Beilagen aus, z. B. Bulgur oder Quinoa anstelle von Reis und Nudeln.

329. Kleine Erwachsene

Wenn Sie ein Essen kochen wollen, betrachten Sie Ihr Kind wie einen kleinen Erwachsenen mit ein paar speziellen Bedürfnissen und beachten Sie dabei einige wenige Ernährungsregeln.

Kleinkinder über zwei Jahre können durchaus mehrere Gänge essen. Wenn Sie also ein Drei-Gänge-Menü planen, sollten Sie Ihr Kind nicht mit einem Teller Standardessen abspeisen. Machen Sie Ihrem Kind ein belegtes Brot? Fragen Sie sich, ob Sie es selbst essen würden. Falls nicht, warum soll es dann Ihr Kind tun? Servieren Sie Ihrem Kind das Essen auf einem kleineren Teller mit speziellem Kinderbesteck. Setzen Sie einem Kind niemals eine Erwachsenenportion vor die Nase, selbst wenn es sein Lieblingsgericht ist.

330. Neue Entdeckungen

Kinder haben ihr Lieblingsessen – vielleicht liebt Ihr Sprössling Schmetterlingsnudeln und verschmäht alle anderen. Kündigen Sie trotzdem gelegentlich etwas Neues an und machen Sie ein spannendes Spiel daraus.

- Führen Sie pro Woche einen „Heute-gibt's-was-Neues"-Tag ein, an dem Sie Ihrem Kind etwas präsentieren, was es noch nicht kennt, z. B. eine exotische Frucht. Kinder sind neugierig!
- So lernen Kinder, dass es gut ist, mal etwas anderes zu probieren. Sagen Sie Ihrem Kind, dass auch Sie ein Lieblingsessen haben: „Meine Lieblingsnudeln sind zwar Spaghetti, aber heute koche ich Spiralnudeln, weil die besser zu dieser Sauce passen."

331. Kleine Leckermäuler (unterwegs)

Ein Kind zu ermutigen, Neues zu probieren, klappt am besten, wenn Sie aus der Welt der Lebensmittel ein Abenteuer machen.

- Kinder, egal wie alt, sind viel eher bereit, etwas zu probieren, was sie selber „geerntet“ haben. Nehmen Sie Ihr Kind mit, wenn Sie z. B. Beeren auf einer Selbstpflückanlage ernten, oder lassen Sie es an der Obst- und Gemüsetheke im Supermarkt mit auswählen.
- Zeigen Sie ihm, auf was man beim Einkaufen achten sollte, z. B. die richtigen Waren auszusuchen oder eine vollreife Frucht von einer schlechten zu unterscheiden.
- Manchmal gibt es in Supermärkten Probierproben. Bieten Sie auch Ihrem Kind eine Probe des „stinkigen“ Ziegenkäses an. Fragen Sie nach seiner Meinung und erklären Sie ihm, warum etwas so schmeckt, wie es schmeckt.
- Wenn Ihr Kind unbedingt z. B. die pappsüßen Cornflakes haben will, erklären Sie ihm ruhig, warum das keine gute Idee ist, und schlagen Sie einen Kompromiss vor. (Man könnte die Cornflakes mit gutem Müsli mischen, aber auch nicht jedes Mal.)

332. Kleine Leckermäuler (zu Hause)

Das Essensabenteuer (*siehe Tipp 331*) sollte zu Hause weitergehen, und zwar nicht nur in der Küche (*siehe Tipp 333*).

- Vermeiden Sie es, Lebensmittel wegzuwerfen. Es ist das schlimmste Beispiel, das Sie geben können.
- Kaufen Sie bewusst ein und planen Sie Mahlzeiten je nachdem, was noch im Kühlschrank ist und wie viele Personen mitessen.
- Ermutigen Sie Ihr Kind, Ihnen bei der Essensplanung zu helfen.
- Bieten Sie Alternativvorschläge an und erklären Sie, weshalb Spaghetti mit Tomatensauce besser sind als Makkaroni mit Sahnesauce und Käse überbacken.
- Selbst auf dem kleinsten Balkon ist Platz für eine Gemüsepflanze (z. B. Tomaten), um die sich Ihr Kind kümmern kann. Die Früchte ihrer Arbeit essen die Kleinen mit besonderem Stolz.

333. Kleine Leckermäuler (in der Küche)

Betrachten Sie die Küche als Spielplatz für das kulinarische Abenteuer. Hier passieren entscheidende, spannende Dinge!

- Selbst Kleinkinder können – unter Aufsicht – „kochen".
- Ihr Kind darf auch Freunde einladen, damit alle zusammen ihre Lieblingsbutterbrote mit vielen frischen Sachen zusammenstellen.
- Beteiligen Sie Ihr Kind an der Essenszubereitung. Selbst wenn es nur gerührt oder eine Zutat in den Topf gegeben hat, ist es stolz wie Oskar.
- Die Kleinen können Kuchen mit Streuseln garnieren, ihre eigenen Kekse ausstechen und bei Messen und Abwiegen helfen.
- Lassen Sie Ihren Nachwuchs experimentieren. So bleibt er interessiert, lernt und sammelt Erfahrungen. Ältere Kinder können z. B. ihre eigenen Pizzabeläge zusammenstellen.
- Wenn das Experiment schiefgeht, sollten Sie ein paar tröstende und ermutigende Worte für den kleinen Koch haben. Erklären Sie Ihrem Kind, worauf es das nächste Mal achten sollte.
- Besonders wichtig: Ihr Kind sollte auch Sie experimentieren sehen. Wenn Sie immer nur streng nach Kochbuch kochen, wird Ihr Kind Kochen mit Pauken aus dem Schulbuch betrachten.

334. Pausbäckchen

Natürlich wollen Sie nicht, dass Ihr Kind durch fette Kost kugelrund wird. Doch sollte das Pendel auch nicht zu stark in die Gegenrichtung ausschlagen.

- Kinder bis zwei Jahre brauchen mehr Nährstoffe aus hochwertigen Lebensmitteln im Verhältnis zum Körpergewicht als Erwachsene, weil sie nur viel kleinere Nahrungsmengen aufnehmen.
- Wachsen verbraucht viel Energie, und Fett ist kalorienreich. Würde dieselbe Kalorienmenge von Eiweiß oder Kohlenhydraten stammen, müsste das Kind noch mehr Nahrung aufnehmen.
- Das bedeutet nicht, dass Sie extra fetthaltige Speisen füttern müssen, Sie sollten Fett aber auch nicht verteufeln.
- Geben Sie Ihrem Kind keine fettarmen Varianten von Standardprodukten wie Milch oder Käse.
- Vermeiden sollten Sie nur frittiertes Essen! Nutzen Sie gesündere Zubereitungsmethoden.
- Erst wenn Ihr Kind in die Schule kommt, können Sie dieselben Regeln zur fettarmen Ernährung wie bei Erwachsenen anwenden.

335. Ballaststoffe

Der Übergang von kohlenhydratarmer Milchfütterung zu einer ballaststoffreichen Erwachsenenkost muss stufenweise erfolgen.

- Füttern Sie die ersten Kohlenhydrate (abgesehen von Getreide-Obst-Brei) ab neun Monate zu.
- Zu diesem Zeitpunkt sollten noch nicht so viele Ballaststoffe verabreicht werden. Beginnen Sie mit hellem Brot, Brei, Kartoffeln, weißem Reis oder Nudeln (kein Vollkorn).
- Nach einigen Wochen können Sie püriertes Wurzelgemüse und säure- und allergenarmes Obst wie Äpfel oder Birnen dazugeben.
- Ab zwei Jahren sollten Kinder die meisten Kohlenhydrate gut verdauen können, darunter auch sehr ballaststoffreiches Obst und Gemüse. Aber alles in Maßen! Bis zum Alter von fünf Jahren sollten Kinder vor besonders ballaststoffreicher Kost verschont bleiben.

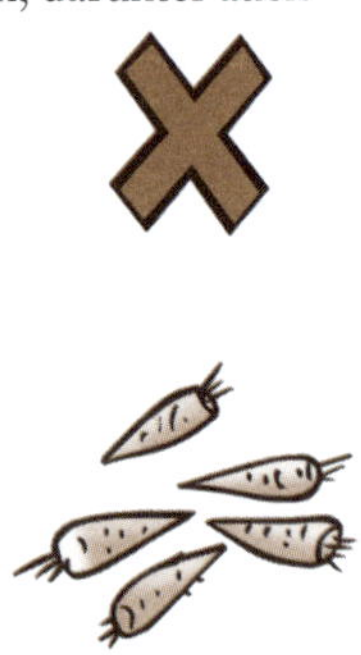

336. Trinken

Der Magen eines Babys ist klein und schnell mit Flüssigkeit gefüllt. Zu viel Flüssiges verhindert die Aufnahme von wichtigen Nährstoffen in festerer Kost.

- Bis zum Alter von etwa zwei Jahren sollten Sie zum Essen nichts zu trinken reichen.
- Geben Sie dem Kind nach dem Essen so viel zu trinken, wie es möchte.
- Bei heißem Wetter geben Sie Ihrem Kind bis zu einer halben Stunde vor dem Essen immer wiede kleine Mengen zu trinken.
- Bei Kleinkindern ab zwei Jahren reichen Sie einen Becher Wasser oder ungesüßten Tee zum Essen.

337. Sterilundsicher

Nicht nur Babyfläschchen, -schalen und -löffel sollten sterilisiert werden.

Sterilisieren Sie auch alle anderen Utensilien, die für die Essenszubereitung verwendet wurden, wie Messer, Schneidebrett, Sieb, Mixerbecher und Topf. Geben Sie alles zusammen in eine tiefe Form und übergießen Sie es mit kochendem Wasser aus dem Wasserkocher, das geht am schnellsten und einfachsten.
Legen Sie sich ein separates Set an kleinen Utensilien für die Zubereitung der Babynahrung zu, die sich leichter sterilisieren lassen.

338. Babyportionen

Ihnen sind Gläschen auf Dauer zu teuer und Sie wollen Babybrei selbst zubereiten (*siehe Tipp 357*)? Sparen Sie Zeit, Geld und vermeiden Sie Abfall, indem Sie mehrere Portionen auf einmal zubereiten.

Solange ein Baby noch gestillt wird, isst es nur sehr geringe Mengen Brei.
Deshalb können in einer sterilisierten Eiswürfelform perfekte kleine Portionen hergestellt werden. Frieren Sie den Brei ein und füllen Sie die Würfel (wenn sie durchgefroren sind) in einen Gefrierbeutel. Vergessen Sie nicht, das Datum und den genauen Inhalt auf den Beutel zu schreiben!
Die Breiwürfel sollten höchstens drei Monate im Gefrierfach bleiben, schon allein weil Ihr Baby die ganz fein pürierten Breie bald nicht mehr mögen wird.

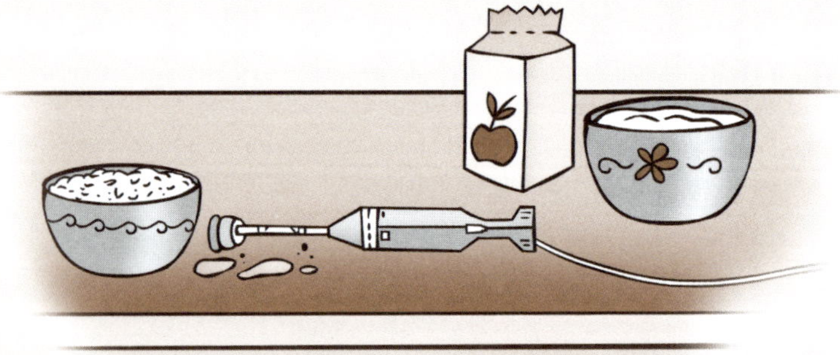

339. Brei-Premiere

Hier einige Vorschläge für die ersten Pürees.

- Mischen Sie ruhig zwei oder drei Gemüsesorten zusammen mit Folgemilch. Vermeiden Sie noch Kohl und Hülsenfrüchte wegen der Blähungen.
- Vorsicht beim Mischen von Früchten mit Milch – sie könnte gerinnen. Verdünnen Sie das Obst lieber mit Apfelmus oder -saft.
- Sie können auch etwas sehr weich gekochten Reis untermischen. Achtung: Reis stopft.
- Ab sechs Monaten muss der Brei nicht mehr durch ein Haarsieb gestrichen werden, vielleicht schon eher nur fein gehackt als püriert. Achten Sie darauf, ob Ihr Kind sich verschluckt.
- Ab und zu kann auch etwas mageres gekochtes Hühnchen oder weißes Fischfilet dazugegeben werden. Gründlichst auf Knöchelchen oder Gräten hin kontrollieren.
- Beginnen Sie auch, Mini-Portionen gehackte Kräuter und Gewürze dazuzugeben.
- Im zweiten Lebensjahr können Sie damit beginnen, intensiver schmeckende Zutaten unterzumischen, wie Tomate, etwas rotes Fleisch, Pilze, milder Hartkäse und wenig Zwiebel (bläht).

340. Ei, ei, ei!

Eier sind gewiss ein nahrhaftes Lebensmittel und schmecken gut, aber für die meisten Babys sind sie zu schwer zu verdauen.

- Babys unter sechs Monaten sollten gar keine Eier bekommen.
- Danach bis zum zwölften Monat sollten sie nur hart gekochte Eier essen.
- Ab dem zwölften Monat sollte ein Kind keine Probleme mehr mit Eierspeisen haben.

341. Brei-Ideen

Denken Sie beim Breimixen an Ihre eigenen Lieblingsnahrungsmittel. Die folgenden Vorschläge sind für Babys ab sechs Monaten geeignet.

- Joghurt mit Banane oder einem anderen Fruchtpüree werden im Allgemeinen gerne gegessen. Dick als Brei oder etwas flüssiger als Smoothie.
- Wie wäre es mit mediterranem Gemüse?
- Oder probieren Sie Reisbrei mit etwas weißem Fisch, ein paar Erbsen, etwas hart gekochtem Eigelb und Milch.
- Reis mit etwas Karotte, Blumenkohl, Kartoffeln und Erbsen kommt ebenfalls gut an.
- Warum nicht auch mal eine wagemutige Kombination aus Fruchtpüree (z. B. Pfirsich) mit etwas magerem Hühnchenfleisch.
- Bei einem fleischhaltigen Brei können Sie mit ausgewählten Zutaten einen klassischen Eintopf nachahmen.

342. Neun Monate

Nach neun Monaten bekommen viele Babys Zähne und können auf Kost mit Stückchen umgestellt werden.

- Babynahrung muss nicht länger ganz glatt püriert sein; gehen Sie zu groben Breien oder fein gehacktem Essen über.
- Während des Zahnens mögen Babys „Fingerfood“, um darauf rumzukauen – bieten Sie Ihrem Kind geschälte Früchte, rohe Karotten oder Gurkenstifte und kleine Stücke Hähnchenfleisch, Kochschinken (salzarmen) oder Fisch an.
- Ihr Kind findet nun auch etwas mehr Gewürz gut, z. B. den Geschmack von Brühen.

343. Ich kann's alleine!

Sobald Ihr Kind einen Löffel greifen kann, sollten Sie ein spezielles Kinderbesteck und entsprechendes Geschirr kaufen.

- Erst mal geben Sie Ihrem Kind eine Schale und einen Löffel nur zum Spielen. Sie können Ihr Kind währenddessen füttern, ohne dass dabei eine allzu große Sauerei entsteht.
- Später geben Sie etwas Brei in die Schale, damit Ihr Kind damit erste Essversuche unternehmen kann.
- Seien Sie unbesorgt, wenn Ihr Kind mehr mit den Händen als mit dem Löffel arbeitet. Die Hände sollten vorher allerdings gewaschen werden.
- Wenn die ersten Zähnchen kommen, sind „Kaustifte“ während des Fütterns eine gute Idee, zunächst aus Gemüse wie Karotten, Brokkoli oder Blumenkohl, später Brotkanten.
- Lassen Sie Ihren Sprössling nach und nach selbst essen – dabei darf er ruhig kleckern! Nur so kann er lernen.

344. Mit am Tisch

Während Ihr Kind essen lernt, haben Sie auch die Möglichkeit, sich einige Minuten Ihrer eigenen Mahlzeit zu widmen.

- Beginnen Sie damit, wenn das Baby alleine am Tisch in einem Hochstuhl sitzen kann.
- Geben Sie Ihrem Kind Breie, die es mit einem Löffel aufnehmen kann. Die Portion sollte ungefähr die Hälfte der Mahlzeit ausmachen. Ihre Hilfe und Aufmerksamkeit sind gefordert.
- Der „zweite Gang“ kann – vor allem während der Zahnung – aus Gemüse- oder Brotstiften zum Darauf-Herumkauen bestehen.
- Nun können Sie endlich Ihre eigene Mahlzeit aufessen und mit dem Aufwischen beginnen.
- So wird Ihr Kind auch gleich an mehrere Gänge gewöhnt.

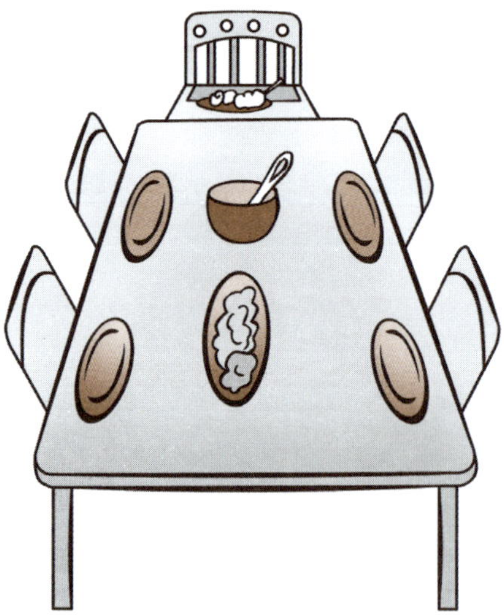

345. Erste Snacks

Kleinkinder verbrauchen viel Energie beim Toben, Spielen und einfach beim Wachsen. Aus diesem Grund ist es ratsam, ihnen zwischen den drei Mahlzeiten Snacks anzubieten.

- Bieten Sie zunächst Obst und Gemüse an (*siehe Tipp 342*) und lassen Sie Ihrem Kind Zeit dafür. Wenn es satt ist, hört es von selbst auf zu essen.
- Vermeiden Sie zuckerhaltige Snacks, denn ist die Lust auf Süßes erst einmal da, kann es schwierig werden, nicht so süßes Essen zu verfüttern.
- Wenn das Essen später etwas salziger sein darf, schmecken auch gewürfelter milder Hartkäse, salzige Reiswaffeln oder Laugengebäck.
- Bieten Sie nach und nach kleine belegte Brote mit mildem Brotaufstrich an, um das Kind an „richtiges" Essen zu gewöhnen. Vegetarische Pasten sind ein guter, gesunder Einstieg.
- Reiswaffeln sind ebenfalls beliebt. Nehmen Sie die Sorten ohne Schokolade!
- Geben Sie keine ganzen Nüsse an Kinder unter fünf Jahren (*siehe auch Tipp 346*).
- Legen Sie den Schwerpunkt auf Gemüse und Obst. Getrocknete Früchte sind recht süß und eignen sich gut als Süßigkeitenersatz. Nicht übertreiben!

346. Jetzt bin ich wer!

Nun sind die meisten Lebensmittel eingeführt, und einige Regeln können gelockert werden.

- Halten Sie Reiswaffeln oder Zwieback als Snacks für zwischendurch bereit.
- Jetzt können auch Frühstückszerealien (auf Zuckergehalt achten!) und Müsli (ohne Schokolade und Krokant) eingeführt werden.
- Ab dem zwölften Monat können auch gemahlene Nüsse gegeben werden, beobachten Sie aber aufmerksam, ob Ihr Kind allergische Reaktionen zeigt. Mandeln sind meist unproblematisch.
- Seien Sie vorsichtig mit der Einführung süßer Desserts nach jedem Essen, ansonsten lernt Ihr Kind schnell, vorher weniger zu essen oder das Essen ganz auszuschlagen.
- Seien Sie sparsam mit Snacks, sie mindern den Appetit auf die Hauptmahlzeiten.

Ernährung im Kindergarten

347. Gut für dich

Sobald Ihr Kind Speisevorlieben entwickelt und immer aktiver wird, sollten Sie ein Auge darauf haben, was es zwischendurch isst.

- Mit Rohkost und Käse am Ende eines Essens lassen sich Zahnschäden reduzieren, die durch den Genuss von zuckerhaltigem Essen entstehen.
- Kinder sollten Vollmilch trinken, damit die fettlöslichen Vitamine, etwa aus Karotten, vom Körper verarbeitet werden können. Wenn Ihr Kind keine Milch mag, probieren Sie es mal mit Soja- oder Reismilch. Lassen Sie auch vom Kinderarzt abklären, ob Ihr Kind unter einer Laktoseintoleranz leidet.
- Mogeln Sie Ihrem Nachwuchs von Zeit zu Zeit auch ungeliebte Lebensmittel in neuer Form unters Essen. Kinder im Wachstum ändern häufig ihren Geschmack.
- Viele Lebensmittel, die vorher ausgespuckt wurden, werden als Teil eines „Experiments" freudig probiert. Das Abenteuer könnte z. B. ein Picknick im Park sein.

348. Lecker was drauf

Nur weil andere Kindergartenkinder fette Wurstbrote mitbringen, muss Ihr Kind das nicht auch bekommen.

- Anstelle von pappigem Weißmehlbrot wechseln Sie zwischen verschiedenen gesünderen Sorten. Versuchen Sie Brot aus fein geschrotetem Vollkorn, ein mildes Schwarzbrot, Roggenbrot oder italienisches Brot mit eingebackenen Tomaten oder Oliven.
- Füllen Sie dem Kind ein Pita-Brot oder einen Tortillafladen.
- Verwenden Sie anstelle von Butter oder Mayonnaise lieber Pesto, Hummus, körnigen Senf, vegetarische Pasteten oder einen guten, nicht zu süßen Ketchup.
- Ein vegetarisch belegtes Brot muss nicht immer nur mit Käse sein. Nehmen Sie geröstete Paprika, Spinat mit Pilzen oder Mais mit Sprossen.
- Manche Kinder stehen auch auf Erdnussbutter mit Bananenscheiben. Diese Kombination sollte aber nur gelegentlich gewählt werden.

349. Pausenbox

Kinder mögen unterschiedliche Texturen und Farben, sind sie doch von Natur aus neugierig. Deshalb muss aber nicht alles mit Bärchen und Lachgesichtern sein – nicht alle Helden Ihres Kindes sind Clowns, oder?

- Sorgen Sie für Abwechslung und variieren Sie auch Saft, Joghurt und Obst.
- Suchen Sie nicht immer nur die einfachste Lösung wie Apfel oder Banane, probieren Sie auch mal was Neues wie z. B. Physalis oder Mirabellen, Pflaumen oder Kirschen – je nach Jahreszeit.
- Lassen Sie zu Hause Ihre Fantasie spielen: Das Essen soll nicht nur lecker schmecken, sondern auch interessant aussehen: z. B. Brokkoli-Bäume, die auf einem „Feld“ stehen, Sprossen, die ihrerseits auf „Kartoffelbrei“-Boden gesät sind.

350. Wie spießig!

Viele Kinder rümpfen bei Gemüse auf dem Teller die Nase. Sind dieselben Gemüsestücke aber auf Spieße gesteckt, kann man der Sache oft etwas abgewinnen. Das klappt auch mit anderen Lebensmitteln:

- Fangen Sie einfach an: Stecken Sie Fischwürfel wie Lachs- und/oder Kabeljau oder einfach nur Wurststücke auf Spieße.
- Mischen Sie dann das Vertraute mit dem Ungewohnten wie Schinken und Ananas mit Käse, Mais mit Wurstscheiben, Paprika mit Fisch.
- Wenn Ihr Kind das mag, spießen Sie Zucchinischeiben, Kürbis- oder Süßkartoffelstücke, Pilze oder Kirschtomaten mit auf.
- Auch Obstspieße kommen an, vielleicht erst mal Bananen (eventuell mit etwas Schokosauce zum Dippen), dann nach und nach mit Trauben, Melonen (helle als Kugeln, Wassermelonen gewürfelt), Pfirsichspalten, Pflaumenhälften, Kiwi- und Sternfruchtscheiben.

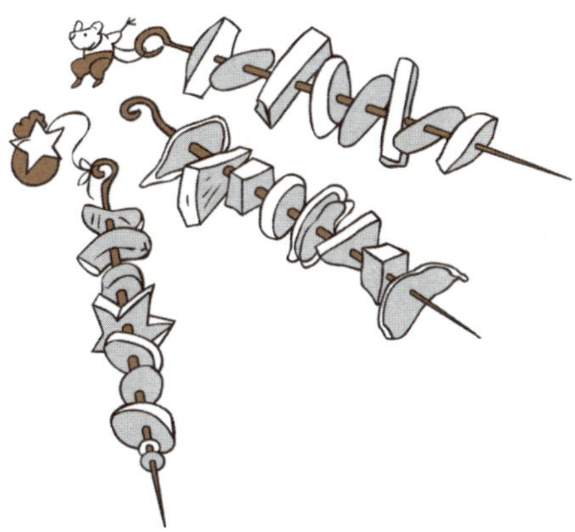

351. Ausgetrickst

Wenn Ihr Sprössling etwas Neues nicht essen will, kombinieren Sie es einfach mit etwas, das er sehr gerne isst. So sollte auch das Neue eine Chance erhalten.

- Kombinieren Sie z. B. Fisch und Spinat mit Nudeln in Dino-Form.
- Servieren Sie eine Pilzsauce auf einem mit Käse überbackenen Toast.
- Kichererbsen können in Form von Veggie-Burgern mit Falafel „verabreicht“ werden.

352. Süß und gesund

Nicht alles Süße ist ungesund.

- Bereiten Sie gefrorene Joghurt-Lollis.
- Servieren Sie „Schokoladenfondue“ mit Obstspalten und Schokoladenpudding statt purer Schokolade.
- Anstelle von gekaufter Eiscreme (zu süß und zu fett) machen Sie frische Fruchtsorbets oder frieren Sie einfach Fruchtpürees ein.

353. Heikler Fall

Hier einige Tipps im Umgang mit heiklen Essern und Verweigerern:

- Reduzieren Sie die Portionen.
- Machen Sie kein großes Aufheben. Falls Ihr Nachwuchs aber eher mit dem Essen spielt, als es zu essen, nehmen Sie ihm den Teller ruhig weg.
- Falls möglich, lassen Sie ab und an einen „Lieblingserwachsenen" oder einen kleinen Freund mit am Tisch sitzen. Lenken Sie keine Aufmerksamkeit auf die Essgewohnheiten Ihres Kindes.
- Bieten Sie Ihrem Kind etwas anderes an, wenn es wirklich hungrig ist.

354. Mamas kleiner Helfer

Kleinkinder können schon früh eine Rolle bei der Essensvor- und -zubereitung übernehmen. Das Gefühl der aktiven Teilnahme kann – im Gegensatz zum stillen Sitzen – den großen Unterschied ausmachen.

- Kinder können beim Tischdecken helfen, sobald sie an die Tischplatte heranlangen.
- Bitten Sie das Kind bei Tisch, Salz oder Pfeffer zu reichen.
- Decken Sie auch für den Teddy mit ein. Das Kind kann Vorbild für den Teddy sein.

Familienessen

355. Ein Essen für alle

Ab dem zehnten Monat können Babys schon kleine Mengen an Fleisch, Geflügel, weißem Fisch und Joghurt zu sich nehmen. Wenn Sie also gut planen, müssen Sie nicht mehr getrennt für Kind und Erwachsene kochen, sondern nur ein Grundgericht.

- Das Grundgericht wird dann dem Alter des Kindes entsprechend angepasst, während Sie für die Erwachsenen zu Ende kochen.
- Garen Sie die Zutaten so lange wie möglich pur, sprich ungewürzt. So müssen die Zutaten für einen Babybrei nur noch gehackt oder gemixt werden.
- Während der Brei abkühlt, kann z. B. eine Kleinkindportion leicht abgeschmeckt werden.
- Lassen Sie auch diese Mahlzeit abkühlen, während Sie die Zutaten für Erwachsene zufügen, z. B. Alkohol, scharfe Gewürze oder Knoblauch, gebratene Zwiebeln, Sojasauce, Currypaste, ganze Eier, Nüsse etc.
- Prüfen Sie immer die Temperatur des Essens, bevor Sie es füttern bzw. servieren.

356. Zusammen essen

Gewöhnen Sie sich an, so häufig wie möglich die ganze Familie zum Essen am Tisch zu versammeln. Keiner sollte sich dem ohne triftigen Grund entziehen dürfen.

- Babys und Kleinkinder, die im Hochstuhl am Tisch sitzen, greifen nach allem, was sie erreichen können. Vermeiden Sie also Tischwäsche unter heißen Gefäßen und stellen Sie Messer oder Tassen mit heißen Flüssigkeiten außer Reichweite.
- Kinder weigern sich manchmal, wenn sie vom Fernseher oder von einem Spiel zu Tisch kommen sollen. Erklären Sie, dass die Familie gemeinsam essen soll. Wenn Ihr Kind sich weigert, servieren Sie das Essen am Tisch und ignorieren es danach.
- Ältere Familienmitglieder sollten mit gutem Beispiel vorangehen und erst vom Tisch aufstehen, wenn alle fertig sind.
- Falls sich Ihr Kind besinnt und doch am Tisch essen will, sollte die ganze Familie sitzen bleiben, bis auch der kleine Trotzkopf aufgegessen hat.

357. Babymixer

Ein kleiner Mixer oder Pürierstab ist die beste Investition, wenn Ihr Baby langsam festere Kost zu sich nehmen soll.

So können Sie schnell Obst und Gemüse, gekochtes Getreide oder auch eine Portion von Ihrem Essen in eine Babymahlzeit verwandeln. Das ist authentischer als jedes gekaufte Gläschen. Füllen Sie eine kleine Portion von allem hinein und geben Sie, falls für eine glattere Konsistenz nötig, etwas Wasser, Milch oder Apfelsaft zu. Streichen Sie das Püree durch ein Sieb, um Kerne, Fasern, Gräten etc. herauszufischen. Wenn Sie eine Portion von Ihrem Essen abnehmen und pürieren wollen, würzen Sie es erst später.

Ein Baby, das mit ungewürztem Erwachsenenessen gefüttert wird, gewöhnt sich schneller und besser an „normales“ Essen.

358. Kleinkindessen

Kleinkinder über zwei Jahre können fast dasselbe Essen einnehmen wie Sie auch. Aber:

- Vermeiden Sie stark gewürztes Essen und auf jeden Fall Chillies oder scharfe Saucen. Auch mit Pfeffer sollten Sie sparsam umgehen.
- Denken Sie daran, dass die Kräuter- oder Gewürzmenge, die für Sie genau richtig ist, für den kleinen Racker schon zu viel ist.
- Fahren Sie Zwiebel- und Knoblauchmengen herunter. Dünsten Sie beides an und geben Sie es später in Ihr Essen, wenn Sie die Kinderportion schon entnommen haben.
- Würzen Sie die Erwachsenenportionen bei Bedarf am Tisch nach. Kinderessen sollte möglichst salzarm sein.
- Speisen mit Alkohol oder Koffein sind tabu. Bei Schokoladenspeisen sollten Sie einen hohen Kakaoanteil vermeiden.
- Zu viel Zucker ist ebenfalls zu vermeiden.

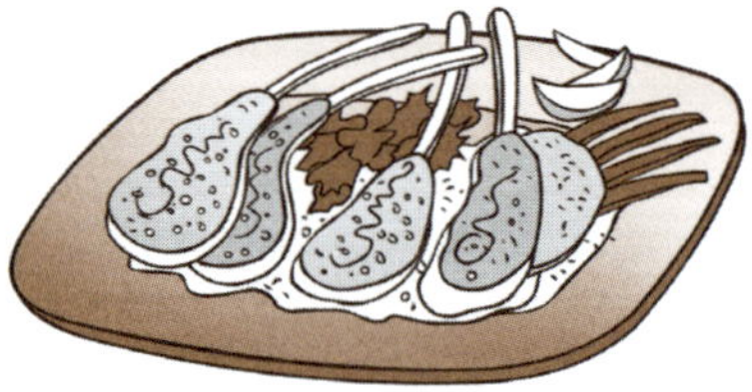

359. Shakes für alle

Schon allein dafür lohnt sich die Anschaffung eines Mixers:

- Ob mit Joghurt oder Milch oder ganz ohne Milchprodukt – mit Smoothies und Shakes bekommt man einen schnellen, leckeren Mineralien- und Vitaminschub.
- Sie sind ein tolles nahrhaftes Frühstück, ein leckerer Snack und eine herrliche Erfrischung.
- Sie lassen sich sogar im Gehen schlürfen, wenn man es mal sehr eilig hat.
- Sie sind richtig vielseitig: Neben Obst können auch Saaten und Nüsse oder Getreideflocken zugegeben werden.
- Sie sind im Handumdrehen zubereitet und im wahrsten Sinne kinderleicht. Selbst Kinder unter zehn Jahren können unter Aufsicht einen leckeren Smoothie herstellen.

360. Mediterranes Mini-Menü

Wenn Sie Lammkoteletts mit mediterranem Gemüse servieren:

- Lassen Sie das Gewürz auf einem Kotelett weg.
- Für ein Baby pürieren Sie ein halbes ungewürztes Kotelett mit etwas Gemüse.
- Für ein Kleinkind schneiden Sie ein halbes ungewürztes Kotelett klein und servieren Sie es mit Gemüse und einem Toast.

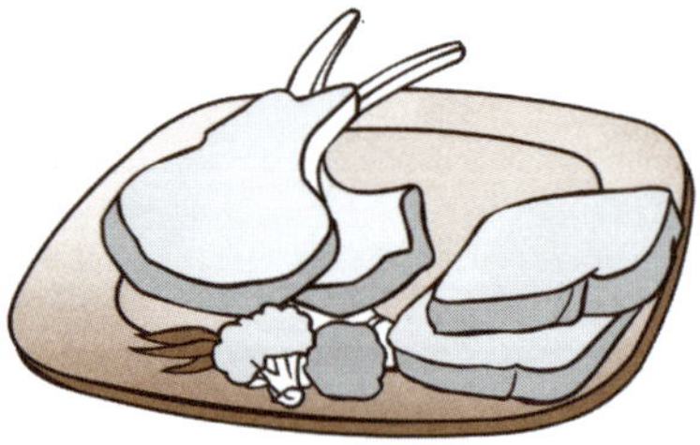

362. Kinder-Curry

Wieder mal Lust auf ein asiatisches Curry?

- Mit der Zugabe von Kokosmilch und Currypaste so lange warten, bis Gemüse und/oder Fleisch gar sind und eine Kinderportion davon abgezweigt ist.
- Kleinkinderportionen mit etwas Joghurt mischen und das „Curry“ auf einem Reis- oder Pastabett mit einem Stück Naan-Brot servieren.

361. Baeckeoffe

Sie wollen einen elsässischen Eintopf zubereiten?

- Die Zutaten (Fleisch, Gemüse) zubereiten und vor der Zugabe von Gewürzen und Wein die Kinderportion(en) in einen kleinen ofenfesten Topf umfüllen.
- Gewürze und Wein sowie einige herzhafte Würste und nach Belieben auch etwas Bier in den Erwachsenentopf geben.
- In beide Töpfe Kartoffeln füllen und backen.

363. Hellas

Moussaka, der griechische Hackfleischauflauf, ist ein tolles Familiengericht.

- Das Hackfleisch nur wenig würzen und kräftig anbraten.
- Die Kleinkindportion in eine kleine Auflaufform füllen. Die Erwachsenenportion mit Knoblauch, Salz und weiteren Kräutern und Gewürzen würzen.
- Die Kinderportion ebenso wie die Erwachsenenportion mit Kartoffelscheiben belegen, aber mit weniger Käse und dafür mehr Semmelbröseln bestreuen.
- Nach dem Backen die Kinderportion etwas abkühlen lassen. (Die Erwachsenenportion gegebenenfalls wieder aufwärmen.)

364. Tex-Mex

Chili con carne für die Kleinen?

- Das Hackfleisch ohne Gewürze, dafür mit mehr Gemüse als üblich anbraten, z. B. mit Pilzen, Paprika, Erbsen.
- Keine Bohnen dazugeben; die Haut der Kidney-Bohnen ist (nicht nur) für kleine Kinder schwer zu verdauen.
- Die Kinderportion Hackfleisch/Gemüse mit ein paar Kartoffelwürfeln in einen Topf geben.
- Die Erwachsenenportion nach Belieben würzen. Die Bohnen zugeben und das Chili fertig garen.
- Die Kinderportion eventuell in gekochten ausgehöhlten Kartoffelhälften servieren.
- Das Erwachsenenchili mit Brot und saurer Sahne servieren.

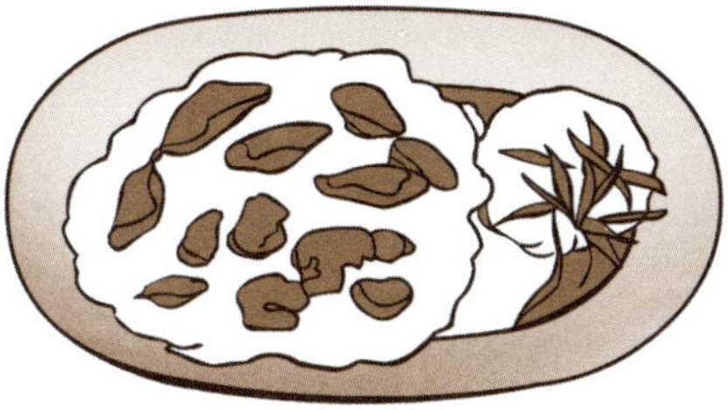

365. Burgunder Topf

Auch Schmorgerichte mit Alkohol lassen sich kindgerecht abwandeln.

- Wein, Knoblauch und Bouquet garni erst mal beiseitelassen.
- Das Fleisch anbraten und in etwas Brühe und Tomatenmark mit wenigen getrockneten Kräutern oder einem Lorbeerblatt schmoren. Die Kinderportion in eine zweite, kleine Form füllen. Die Erwachsenenportion mit Wein und den Gewürzen abschmecken.
- Beide Portionen im Ofen fertig schmoren. Schalotten und Pilze in die Erwachsenenportion mischen.
- Mit gedünstetem Kohl und Kartoffelpüree servieren.

366. Buntes aus dem Wok

Das klein geschnittene und bunt gemischte Gemüse in Wok-Gerichten finden Kinder prima.

- Einige Stücke Schweine- oder Hühnchenfleisch anbraten.
- Das Gemüse dann ohne Sojasauce, Ingwer und Knoblauch anbraten.
- Sie können Brühe und Speisestärke, vielleicht auch etwas Ketchup verwenden.
- Das Gemüse aus dem Wok nehmen. Für die Erwachsenenportion ein paar Cashewkerne rösten und mit Knoblauch und Sojasauce anbraten. Unter die Erwachsenenportion mischen.
- Die Kinderportion in einer Schale, eventuell mit einem chinesischen Löffel servieren. (Ein Suppenlöffel klappt hier gut, wenn die Gemüsestücke klein genug sind, um mit dem Löffel aufgenommen zu werden. Seien Sie aber darauf gefasst, dass Ihr Kind die Gemüsestifte lieber mit den Fingern isst.)

367. Aufläufe

Auch mit ganz kleinen Kindern sind Aufläufe ein unkompliziertes Essen für Familie und Freunde.

- Die Zutaten nur wenig salzen. Die meisten Aufläufe lassen sich prima zu Babybrei pürieren, egal mit welchem Gemüse (sofern es durchgegart ist).
- Für Kleinkinder muss der Auflauf nur in kleine Stücke geschnitten werden. Reichen Sie dazu die Erwachsenenbeilagen, wie Salat oder Brot oder eventuell etwas zusätzliches Gemüse oder Kartoffeln.
- Wenn der Auflauf für Erwachsene zu fad schmeckt, kann er mit etwas Pesto, einem Chutney etc. gewürzt werden.

368. Zu klein für Kurkuma?

Wenn Sie ein Curry ohne Fertigpasten und Gewürzmischungen zubereiten:

- Kleinkinder über zwölf Monate dürfen Kurkuma in kleinen Mengen bedenkenlos verspeisen.

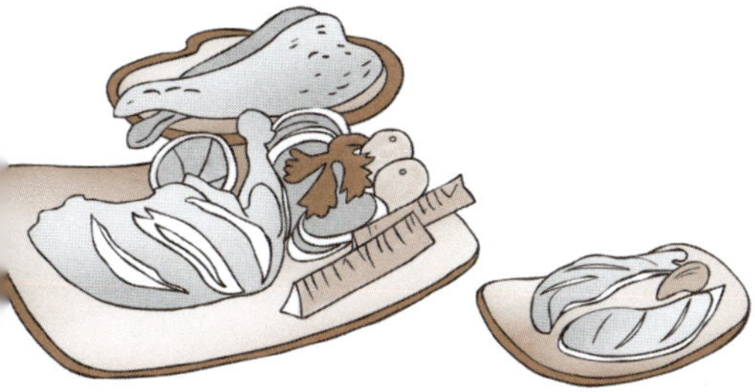

369. Tandoori tonight

Machen Sie Ihr Kind schon früh mit anderen Länderküchen vertraut. Bei gegrilltem Hähnchen indische Art sagt fast kein Kind nein.

- Hähnchenteile in Joghurt, gemischt mit einer Prise Kurkuma, Paprika edelsüß und gemischten Kräutern, einlegen.
- Für ältere Familienmitglieder auch Currypaste und Chili unter die Marinade mischen, nachdem eine Kinderportion abgezweigt wurde.
- Die Hähnchenteile unter dem Backofengrill oder auf dem Holzkohlegrill langsam durchgaren.
- Mit Kirschtomaten, Gurkenstiften und etwas Pita- oder Naan-Brot servieren. Für Erwachsene einen Spinatsalat zubereiten.

370. Da haben wir den Salat

Gerade im Sommer sind leichte, knackige Salate ideal. Aber dann immer noch extra etwas Nahrhafteres, sprich Kalorienreicheres für die Kleinen kochen? Muss nicht sein.

- Wenn Sie einen Caesar Salad, einen Nizza-Salat oder einen Geflügelsalat zubereiten, verwenden Sie das Fleisch oder den Fisch einfach als Grundlage für das Kinderessen.
- Damit das Kinderessen nahrhafter wird, servieren Sie es in einer „Brottasse“. Dazu große Toastscheiben in hitzebeständige Tassen drücken und unter dem Backofengrill toasten, bis die Brotscheiben die Tassenform halten. Den Salat hineinfüllen.
- Ersetzen Sie Oliven im Erwachsenensalat durch Gemüsemais aus der Dose oder bunte Paprikawürfel für die Kinderportion.
- Mischen Sie etwas Mayonnaise oder Joghurt in die Kinderportion, damit der Salat etwas cremiger wird.
- Je nach Alter (*siehe Tipp 340*) geben Sie ein hart gekochtes Ei in die Kinderportion.

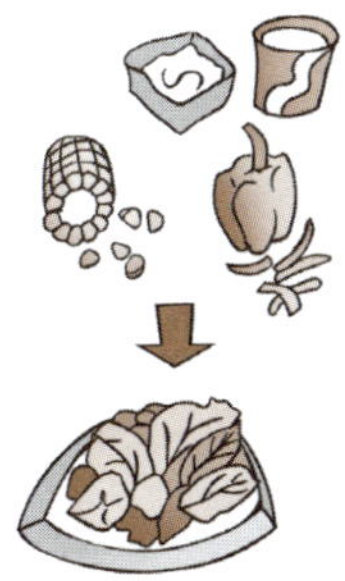

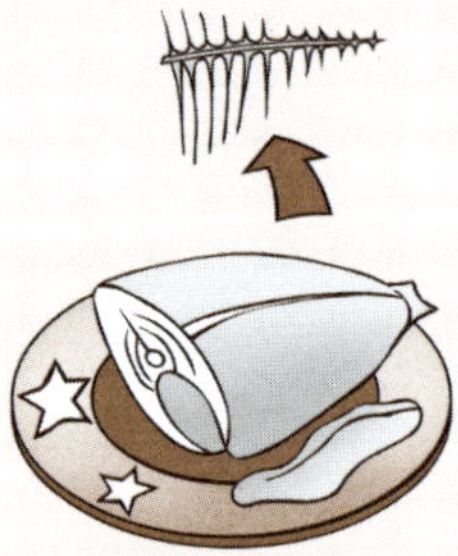

371. Fischgerichte

Traditionelle Fischgerichte wie Paella sind ideal für besondere Gelegenheiten, auch mit Kindern. Die farbenfrohe Mischung macht Kinder neugierig.

- Wählen Sie für kleine Kinder weiße Fischfilets und lassen Sie nicht ausgelöste Schalen- und Krustentiere oder gepökelte Würste weg.
- Kleinkinder können eine kleine ausgelöste Garnele essen.
- Geben Sie Tintenfischringe, Muscheln, Garnelen oder geräucherten Fisch, Kurkuma und Safran separat in die Erwachsenenportion.
- Auch Fischpasteten können eine komplette Mahlzeit sein, wenn Sie etwas geraspelte Karotten und einen kleinen Salat dazu reichen.

372. Pasteten

Auch kleine Blätterteigpasteten machen Kindern Spaß.

- Machen Sie die Pasteten noch attraktiver, indem Si sie als Tierformen zubereiten (*siehe Tipp 377*).
- Füllen Sie die Pasteten mit Fisch oder hart gekochten Eiern und Gemüse in Béchamelsauce und einer in Scheibchen geschnittenen Olive.

373. Vielseitiges Gemüse

Bereiten Sie mehr fleischlose Gerichte zu und lassen Sie Gemüse dominieren.

- Mit Käse überbackene Toastscheiben mit Gemüse schmecken prima. Sie können mit Tomaten, gerösteten Paprika, Pilzen oder Mais beginnen. Führen Sie später auch Zucchini und Auberginen ein.
- Pasta mit Tomatensauce ist eine weitere tolle Grundlage. Mischen Sie immer wieder anderes, klein gewürfeltes oder in Scheiben geschnittenes Gemüse unter die Sauce.
- Etwas ältere Kinder lieben mit Käse gratiniertes Gemüse in kleinen Auflaufformen.
- Probieren Sie Burger mit Falafel oder anderen Getreidebratlingen in Pita-Broten, mit Tahini bestrichen.
- Ein Zwiebelkuchen ist wohl etwas zu schwer verdaulich für kleine Kinder. Besser geeignet sind Quiches mit Porree und cremiger Käsesauce.

374. Naschkatzen

Machen Sie Desserts nicht zur täglichen Gewohnheit und servieren Sie sie nur zu bestimmten Gelegenheiten. Hier einige einfache Ideen:

- Scheiterhaufen – ein süßer Brotauflauf – mit Vanillesauce ist eine tolle Idee.
- Wenn Ihr Kind zahnt, dann empfehlen sich Babykarotten mit Konfitüre bestrichen und in gemahlenen Mandeln gewälzt. Ältere Kinder (über ein Jahr) können Honig als „Klebstoff" verwenden.
- Jeder mag Pfirsiche oder Erdbeeren mit Sahne und Butterkeksen. Aber: Keine Erdbeeren für Kinder unter zwölf Monaten!
- Gratinierte Früchte sind gesünder als Karamellpudding.
- An heißen Tagen eine Kugel Fruchteis.
- Bratäpfel und pochierte Birnen mögen die meisten Kinder.
- Obstkuchen sind Familienfavoriten, aber Tortelett sind attraktiver für Kinder; man kann sie ganz in die Hand nehmen und wie in ein Butterbrot hineinbeißen.
- Götterspeise mit einer Creme aus Schlagsahne und Joghurt servieren. Dazu Fruchtpüree als Saucenersatz.
- Die meisten Kinder stehen auf Obstsalat, Apfelmus & Co. Mit Knuspermüsli bestreuen.

Große Teller, kleine Teller

375. Gut portioniert

Wenn Ihr Kind in den Kindergarten geht, verbessert sich auch seine Hand-Augen-Koordination.

- Für Kleinkinder schneiden Sie größere Fleisch- oder Gemüsestücke in kleine Stücke oder Scheiben.
- Ältere Kinder fühlen sich schon richtig groß, wenn Sie ihnen die Speisen so servieren wie Ihnen selbst, sprich: unzerkleinert.
- Helfen Sie Ihrem Kind aber, wenn es zu große Mühe mit der „Verarbeitung" von Speisen hat.

376. Kontrollierte Portionen

Kinder können irgendwann das gleiche essen wie Sie, aber natürlich nicht dieselben Portionen.

- Damit die Kinderportion nach einer kompletten Mahlzeit aussieht, verwenden Sie einen kleineren Teller – mit demselben Dekor, falls vorhanden – wie für die Erwachsenenportionen.
- Bei „modelliertem" Essen wie Frikadellen, Knödel etc. bereiten Sie entsprechend kleinere Kindergrößen zu.
- Bei Speisen, die nicht kleiner geformt werden können, halbieren Sie die Portionen.
- Bei einigen Lebensmitteln können Sie einfach kleinere Exemplare für Ihr Kind auswählen, z. B. kleinere Kartoffeln, Mini-Schnitzel.
- Andere Lebensmittel, etwa die meisten Früchte und andere symmetrische Speisen, lassen sich in der Mitte durchschneiden. Allerdings ist z. B. ein halber Muffin weniger schön als ein Mini-Muffin.

377. Schön serviert

Seien Sie kreativ beim Anrichten und Garnieren der Speisen! Kleine Kinder lieben Bratwurstraupen und Brokkoliwälder.

- Formen Sie eine Fischpastete in Form eines Fisches.
- Gemüsescheiben können schuppenartig auf einem Fischfilet angerichtet werden.
- Paprika- oder Karottensterne machen jedes Gericht bunter. Sie können sie auch auf Kartoffelbreiwolken setzen oder an Brokkolibäume hängen.
- Machen Sie Kartoffelboote mit einer Schinken- oder Käsescheibe als Segel.
- Sie müssen nicht bei jedem Essen kreativ sein. Das Lieblingsgericht muss nicht unbedingt aufbereitet werden.

378. Brot aufpeppen

Manchmal muss die langweilige Scheibe Brot einfach etwas aufgepeppt werden.

- Mit Ausstechformen lassen sich Monde und -sterne ausstechen, die auf einer Rühreiwolke präsentiert werden können.
- Stechen oder schneiden Sie aus normalem Brot Figuren aus, die Ihr Kind mit Aufschnitt und Creme garnieren und so seine eigene „Familie“ gestalten kann.
- Belegen Sie einen Käsetoast mit Käsestreifen in unterschiedlichen Farben, wie weißem Mozzarella, orangefarbenem Mimolette und gelbem Gouda.
- Spielen Sie „Drei gewinnt“ in einem Gitter aus Gemüsestreifen. Die O und X werden mit Ketchup aus einer Spritzflasche gemalt.
- Wie wäre es mit einer Pizza in Uhrform? Stechen Sie Zahlen aus verschiedenfarbiger Paprika, Karotten oder Käsescheiben aus. Schinkenstreifen dienen als Zeiger.

Mit Gästen

Essen planen für ein paar oder viele Gäste; superschnelle Ideen ohne Kochen; einfache Rezepte für größere Gruppen; Häppchen zum Small Talk; Rezeptvorschläge für Allergiker; Servierideen für den kleinen Geldbeutel.

■ Was, für wen, wie viel?

379. Wie viele Personen?

Schätzen Sie die Zahl an Gästen, die Sie entspannt unterbringen und bedienen können, bloß nicht zu großzügig ein.

- Für ein Essen am Tisch sind sechs bis acht Personen noch gut zu „bewältigen".
- Sie können auch bis zu zwölf Gäste bewirten, vorausgesetzt alle gehören zur Familie oder sind gute Freunde, die Ihnen beim Servieren und Abräumen unter die Arme greifen, oder Sie haben eine bezahlte Hilfskraft.
- Übersteigt die Gästezahl zwölf Personen, sollten Sie eher ein Büffet oder ein Barbecue in Erwägung ziehen.

380. Um Hilfe bitten

Egal ob Sie ein warmes Menü am Tisch servieren, ein kaltes Büffet oder Cocktails mit Häppchen planen – Sie können nicht gleichzeitig allein kochen, servieren und abräumen und sich mit den Gästen unterhalten.

- Bitten Sie jemanden, den Tisch einzudecken, während Sie kochen, oder die Getränke zu servieren, während Sie die Teller aus der Küche tragen.
- Bitten Sie jemanden, Ihnen beim Abräumen der Teller und Neueindecken zu helfen. Wenn Sie das alleine übernehmen, müssen die armen Gäste zu lange auf den nächsten Gang warten.

381. Big Business

Ein Büffet ist genau richtig für eine größere Gästezahl. Erleichtern Sie sich die Vorbereitungen.

- Wenn Sie Freunde fragen, ob Sie was mitbringen sollen, dann nehmen Sie dieses Angebot an und lassen Sie sich Brot, Käse, Cracker, einen Salat oder einen Kuchen mitbringen.
- Braten, Terrinen, Pasteten oder Quiches sind einfach zu portionieren und machen außerdem optisch etwas her.
- Vermeiden Sie heiße oder eiskalte Speisen, vor allem beim Dessert. Da bei Büffets nicht alle gleichzeitig die Speisen holen und essen, ist das Gericht dann für alle entweder nicht mehr heiß oder schon geschmolzen. Speisen, die Zimmertemperatur haben dürfen, sind optimal.

382. An der Bar

Sechs Personen zusammengequetscht an der kleinen Hausbar? Wenn Sie also eine größere Zahl Gäste erwarten, sollten Sie vielleicht mehr als einen Barbereich einrichten.

- Für Partys über zwölf Personen sollten es zwei Barbereiche sein, eventuell nach Getränken aufgeteilt.
- Wenn die Party im Garten oder auf der Terrasse stattfindet, sollten sich die beiden Bereiche im Idealfall in zwei gegenüberliegenden Ecken befinden.
- Wenn die Party in mehr als einem Raum stattfinden soll, würde eine einzige Bar zu einem Stau bei den Getränken führen. Richten Sie deshalb einen Barbereich in zwei Zimmern ein.

383. Rot oder weiß?

Wollen Sie Wein servieren? Wie viele Sorten sollten Sie kaufen?

- Falls es nur Wein und etwas zu Knabbern gibt, bieten Sie zwei bis drei Sorten an: einen Roten, einen Weißen und entweder einen Rosé oder einen Schaumwein (oder einen Rosé-Schaumwein).
- Alternativ bieten Sie zwei verschiedene Rote (einen leichten, einen gehaltvollen) und einen Weißwein an.
- Wenn Sie bei einer Sommerparty mehrere Getränkesorten anbieten, können Sie den Roten auch ganz weglassen, er wird im Sommer weniger nachgefragt.
- Welcher Wein zu welchem Fleisch? Lassen Sie sich von Ihrem Weinhändler beraten. Mittlerweile gibt es kräftige Weiße aus Übersee, die man z.B. auch gut zu Wild servieren kann.

384. Warm oder kalt?

Versuchen Sie erst gar nicht, frisch zu kochen oder alles wieder dampfend heiß aufzuwärmen, wenn Sie mehr als zehn bis zwölf Gäste haben.

- Bei einem Büffet sollten sich warme und kalte Speisen in etwa die Waage halten.
- Oder bereiten Sie nur ein bis zwei Gerichte frisch zu (davon ein vegetarisches) und reichen Sie kalte Beilagen dazu.
- Oder entscheiden Sie sich für ein kaltes Gabelbüffet.
- Nach einem kalten Büffet können Sie – nach einer ausreichenden Pause – getrost ein warmes Dessert servieren. Bei warmem Wetter allerdings dürften Ihre Gäste auch hier etwas Kaltes vorziehen.
- Bei Kanapees sollten Sie zwischen warm und kalt abwechseln. Servieren Sie die ersten beiden Sorten fast parallel. Weitere Häppchen sollten im 20-Minuten-Takt folgen.

385. Wie viel von jedem?

Die ungefähren Mengen, die pro Erwachsenem berechnet werden sollten:

- Hauptgang Fisch oder Fleisch am Knochen bzw. Steaks: 200–250 g
- Vorspeisen mit Fisch oder Fleisch, Pâtés oder Terrinen: ca. 80–150 g
- Reis oder Pasta: ca. 100 g als Beilage, als Hauptgericht (Nudelgericht oder Risotto) 30 g mehr
- Brot: zwei Scheiben oder zwei kleine Brötchen
- Salat: 100–200 g, je nach Sorte
- Gemüse: 150–200 g
- Dips, Dressings und Saucen: je zwei bis drei Esslöffel
- Obst: 125 g, eine mittelgroße ganze Frucht (kleiner Apfel, mittelgroßer Pfirsich oder große Kiwi)
- Gehaltvolle Desserts wie Cremes, Pudding oder Tiramisu: 150–200 g
- Getränke (Aperitif und zum Essen): zwei bis drei Gläser Wein oder Cocktails, 0,7 l Wasser, ein bis zwei Digestifs

386. Essen und Getränke

Wenn Sie vor dem Essen einen Aperitif servieren:

- Bieten Sie nicht mehr als vier verschiedene Häppchen dazu an.
- Wenn das Essen mehrere Gänge hat, reicht eine einzige Sorte Kanapees, die alle mögen.
- Servieren Sie nur eine Sorte Kanapees? Dann sollten sie möglichst vegetarisch sein. Achten Sie auch darauf, gängige Allergene (Nüsse, Sellerie usw.) zu vermeiden.
- Ein Aperitif kann maximal bis zu einer Stunde vor dem Essen serviert werden, aber keinesfalls länger.

387. Pasta für eine ganze Kompanie

Die Berechnung der richtigen Nudelmenge ist eigentlich ganz einfach.

- 100 g getrocknete oder 150 g frische Pasta pro Person (als Beilage).
- Wenn Sie für viele Gäste kochen, prüfen Sie schon vor Ende der empfohlenen Garzeit, ob die Pasta al dente ist, und gießen Sie auch schon kurz davor das Wasser ab, denn eine große Portion Nudeln gart auch nach dem Abgießen noch etwas nach.

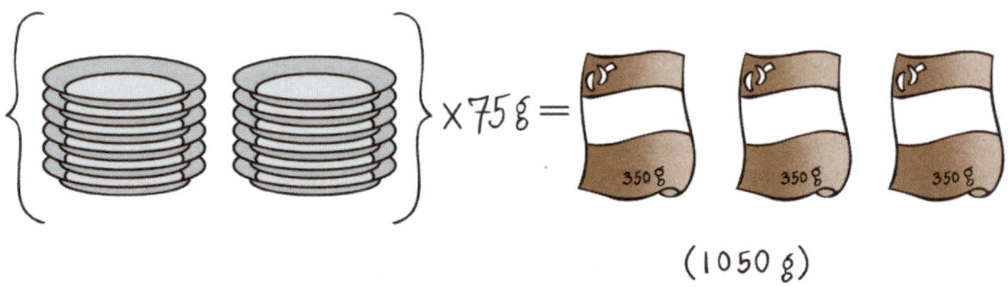

388. Nein danke!

Selbst bei einem noch so zwanglosen Mittagessen, z. B. mit Kollegen, Kunden etc., gibt es ein paar Zutaten, die Sie meiden sollten, denn niemand steht auf schlechten Atem!

- Rohe Zwiebeln
- Sauerkraut
- Gerichte mit Knoblauch (gerösteter Knoblauch, *siehe Tipp 267*, ist kein Problem)
- Hart gekochte Eier (es sei denn, in kleinen Mengen als Garnierung)
- Tofu oder getrocknete Garnelen (sowie die meisten anderen fermentierten Lebensmittel bzw. getrockneter Fisch oder Meeresfrüchte)
- Intensiv schmeckende tropische Früchte wie die asiatische Durian-Frucht (nicht umsonst heißt sie auch Stinkfrucht)
- Falls es doch genau diese Zutaten sein müssen, bieten Sie nach dem Essen Pfefferminztee oder Kaugummis an.

389. Eiszeit

Wenn Sie eine größere Party organisieren, sollte Ihr Gefrierfach so leer wie möglich sein für all jene Gerichte, die im Voraus zubereitet werden. So bleibt aber nur wenig Platz für die Eiswürfel.

- Mieten Sie sich rechtzeitig einen Mini-Eisschrank und stellen Sie ihn bei sich auf, oder fragen Sie Ihren (eingeladenen) Nachbarn, ob er Platz im Gefrierfach hat.
- Alternativ kaufen Sie am Tag der Party Fertigeiswürfel (an Kiosken, in Verbrauchermärkten oder an großen Tankstellen) und bewahren Sie sie in einer Picknick-Kühlbox auf. In guten Boxen halten die Eiswürfel bis zum nächsten Tag.

390. Picknick

Planen Sie ein Picknick? Packen Sie zusätzlich zu den Servietten auch ein paar Gäste- und Geschirrtücher mit ein.

- Sie sind praktischer zum Aufwischen.
- Sie können sie mit Wasser befeuchten, um klebrige Finger zu reinigen.
- Sie sind umweltfreundlicher als abgepackte feuchte Tücher.
- Andererseits sind feuchte Babytücher besser bei Flecken.

391. Für alle Fälle

An was Sie, außer Essen und Trinken, sonst noch denken sollten:

- Müllbeutel für die Abfälle
- Mineralwasser mit Kohlensäure zum Auswaschen von Flecken
- Erste-Hilfe-Set
- Insektenschutz
- Sonnenschutz
- Plastikplane zum Daraufsitzen, falls der Boden feucht ist, oder als Schutz bei einem plötzlichen Schauer

Coole Bar

392. Cocktails aus der Karaffe

Wenn Sie nicht gerade einen professionellen Barkeeper engagiert haben, sollten Sie bei einer größeren Party besser auf eine umfangreiche Getränkeauswahl verzichten.

- Servieren Sie nicht mehr als drei alkoholische Getränke: Rotwein, Weißwein und Sekt; Bier, Cola/Rum; oder nur (aromatisierten) Wodka.
- Oder servieren Sie ein außergewöhnliches saisonales Getränk, z. B. Bowle im Sommer, Glühwein oder Grog im Winter.
- Denken Sie auch an alkoholfreie Alternativen.
- Wenn Sie unbedingt einen echten Cocktail (inkl. alkoholfreier Variante) servieren wollen, sollte es eher ein gerührter und kein geschüttelter bzw. gar geschichteter Drink sein. Ersterer lässt sich prima fertig gemischt in Karaffen füllen, dann muss man nur noch schnell das Glas dekorieren.

393. Abgekühlt

Sie haben vergessen, Weißwein und Sekt rechtzeitig zu kühlen, bevor der Ansturm kommt?

- Die Flaschen in Plastiktüten legen und zubinden. Dann zehn Minuten in eine Kiste mit Eiswürfeln stellen.

Dadurch weichen die Etiketten nicht auf, und die Flaschen werden nicht nass und rutschig.

394. Kein Prickeln

Sie füllen Sekt oder Bier in Gläser und keines von beiden schäumt so recht?

- Wenn Sie Ihre Gläser in der Maschine gespült haben, liegt es wahrscheinlich an Klarspülerresten – der größte Feind der Schaumkrone.
- Spülen Sie die Gläser sorgfältig mit warmem Wasser von Hand aus und trocknen Sie sie mit einem sauberen Geschirrtuch ab.

395. Alkoholfrei

Für Kinder, Schwangere und Autofahrer sollten Sie eine alkoholfreie Fruchtbowle zubereiten.

- Ein Liter Ginger Ale mit dem Saft von vier Zitronen, ein paar Orangen, ein paar Grapefruits und einer Dose Ananasstücke mischen. Eisgekühlt servieren.

Zum Knabbern

396. Kleine Würstchen

Aus ein paar einfachen Würstchen lässt sich schnell etwas zaubern.

- Cocktailwürstchen in milder Thai-Chilisauce wenden und unter dem Backofengrill goldbraun grillen. Pro Person sechs bis acht Stück berechnen. Für eine Party oder ein Treffen, das nicht den ganzen Abend dauert, müssen Sie keine weiteren Häppchen zubereiten!
- Geht die Sause etwas länger, wickeln Sie vor dem Grillen waagerecht durchgeschnittene und diagonal halbierte Toastbrotscheiben um die Würstchen.

397. Eingewickelt

Diese cleveren Cocktailsnacks sind im Handumdrehen fertig.

- Parmaschinken um Brotstangen (Grissini) oder Spargel wickeln.
- Scharfe Salami oder Frühstücksspeck um Backobst wie Pflaumen oder Datteln wickeln und in der Pfanne braten.
- Käsestifte in Speckstreifen wickeln und fünf Minuten unter den heißen Backofengrill legen.

398. Lachsröllchen

Mit Räucherlachs lassen sich – mit einem Klecks Crème fraîche, etwas grob gemahlenem Pfeffer, einem Dillzweig und ein paar Kapern – tolle Häppchen vor einem Menü zubereiten. Für eine Cocktailparty lässt sich das Ganze auch in Fingerfood umwandeln.

- Die Lachsscheiben dünn mit Senf bestreichen und mit einem Klecks Pfefferfrischkäse aufrollen.
- Eine Kaper hineinstecken.

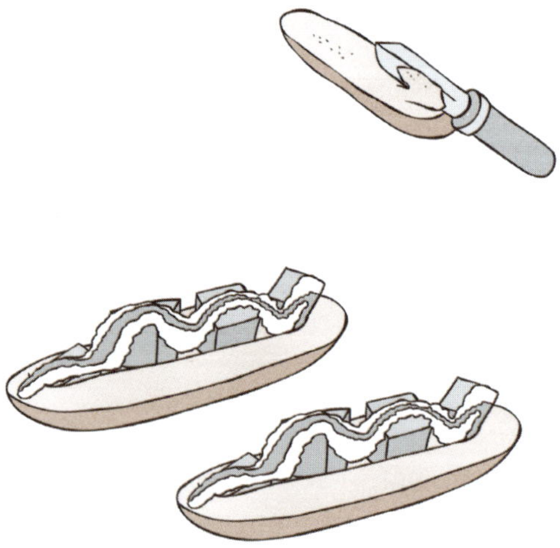

399. Käse-Gurken-Schiffchen

Diese ungewöhnlichen Schiffchen sind herrlich erfrischend!

- Möglichst kleine Gurken, z. B. Einlegegurken, auswählen.
- Längs halbieren und den Kernbereich herausschaben.
- Einige Käsewürfel und ein Fruchtchutney oder ein Gelee darauf anrichten. Quitte passt zu den meisten Käsesorten, ein pikantes Mango-Chutney schmeckt prima zu Blauschimmelkäse.

400. Käsespieße

Käsespieße mit Trauben sind Ihnen zu altbacken? Dann versuchen Sie es einmal damit:

- Einen reifen Hartkäse würfeln.
- Mit geviertelten frischen Feigen, Mangowürfeln, getrockneten Aprikosen oder Backpflaumen aufspießen.
- Einige Tropfen Honig oder süße Chilisauce darübergeben.

401. Enoki im Obi

Ein einfacher und ungewöhnlicher Snack, irgendwo angesiedelt zwischen Sushi und Schinkenröllchen.

- Einige Streifen Frühstücksspeck in der Mikrowelle erwärmen.
- Je ein kleines Bündel Enoki-Pilze in die Speckstreifen wickeln.
- Die Bunde halbieren, sodass sich Enoki-Kappen im Speckmantel und Sushi-artige Speckröllchen mit Pilzstielen ergeben.
- Mit Wasabi-Mayonnaise oder einem Honig-Senf-Dip servieren.

402. Party-Shots

Für eine sommerliche Grill- oder Pool-Party sind Party-Shots aus Götterspeise mit Schuss eine super Idee.

- Die Götterspeise mit zwei Teilen Wasser und einem Teil Wodka, Weißwein oder weißem Rum nach Packungsangaben zubereiten.
- In kleine Ramequin-Formen oder Likörgläser füllen.
- Wenn die Götterspeise halbfest ist, Trauben, Beeren oder Obstscheiben (Kiwi, Sternfrucht oder Kumquat) hineingeben. Nicht geeignet ist Ananas, sie verhindert das Gelieren der Götterspeise.
- Die Party-Shots nicht ganz fest werden lassen.

403. Im Mittelpunkt

Sie haben ein paar Gäste zu Besuch, die sich noch nicht gut kennen?

- Reichen Sie eine Schachtel mit Glückskeksen herum, um die Atmosphäre etwas aufzulockern. Das bringt Gespräche in Gang.

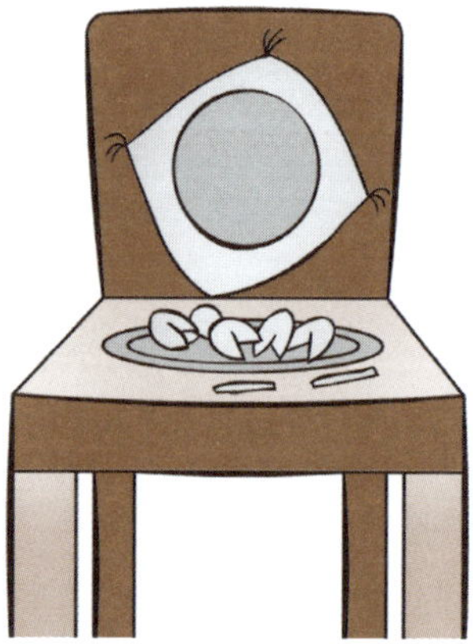

Und was gibt's dazu?

404. Beilagen

Wählen Sie einfache und schnelle Beilagen.

- Zu Ofengemüse oder einem Auflauf passt ein gemischter grüner Salat. Im Sommer sind knackige Blätter mit einer Vinaigrette ausreichend. Im Winter geben Sie knusprige Speck- oder Salamistreifen in leicht gedünsteten Spinat. Für Vegetarier Speck oder Salami durch Röstzwiebeln oder geröstete Mandeln ersetzen.
- Zu Fisch, Würstchen, Burger oder einem Schinkenbraten passt gemischtes Ofengemüse (*siehe Tipp 269*), so müssen Kartoffeln nicht separat zubereitet werden.
- Ein leichteres Gemüse gefällig? Versuchen Sie Porree, Fenchel oder Chicorée in Hühnerbrühe und Sahne gedünstet und mit Parmesan und Semmelbröseln gratiniert.
- Knackiges grünes Gemüse wie Rosenkohl, Brokkoli oder grüne Bohnen sollten blanchiert werden, damit sie ihre schöne Farbe behalten. Etwas Natron ins Kochwasser geben. Vor dem Servieren mit frittierten Knoblauchscheiben, Pancetta oder gerösteten Nüssen und einer Prise Kreuzkümmelsamen in einer Pfanne schwenken.
- Wenn Sie ein deftiges, üppiges Fleischgericht als Hauptgang servieren, ersetzen Sie Gemüse und schwere Sahnesaucen eventuell durch ein Fruchtkompott oder kurz gedünstete Apfel- oder Birnenspalten.

405. Toll gefüllt

Die einfache Ofenkartoffel mal anders.

- Die Kartoffeln halbieren; so werden sie auch schneller gar.
- Ein Kreuz in das Fruchtfleisch schneiden und mit der Schnittseite nach oben im Ofen garen.
- Etwas Fruchtfleisch herauslösen und mit der Füllung zerdrücken. Wieder zurück in die Kartoffeln füllen.
- Die etwas andere Füllung: Thunfisch-, Räucherlachs- oder Makrelensalat; Baked Beans oder Linsen mit kleinen Selleriewürfeln; Ratatouille oder Krautsalat.
- Garnieren Sie die Kartoffeln mit roter Salsa, Remoulade, Pesto oder anderem.

406. Erbsen zählen

Vielleicht glauben Sie, dass Erbsen eine tolle Gemüsebeilage für Kartoffeln sind. Schöne Farbkombination, aber …

- Erbsen sind ebenso wie Bohnen sehr kohlenhydrathaltig, sodass sie Kartoffeln ersetzen (nicht ergänzen) können.
- Servieren Sie also entweder Hülsenfrüchte oder Kartoffeln als kohlenhydratreiche Beilage.
- Wählen Sie stattdessen ein anderes Gemüse.
- Falls Sie auf beides nicht verzichten wollen, lassen Sie wenigstens den Brotkorb weg.

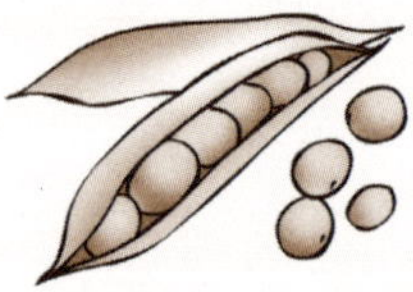

407. Gemüsefächer

Sommerliches Gemüse kann attraktiv zu Fächern gelegt werden.

- Eine große Auflaufform mit Zwiebelscheiben und gepresstem Knoblauch auslegen und mit zerdrückten Koriandersamen und Kräutern der Provence bestreuen.
- Auberginen oder eine große runde Zucchini mehrmals in Längsrichtung bis zum Stielansatz einschneiden.
- Dazwischen Tomatenscheiben oder Rote-Paprika-Streifen stecken. Die Gemüsefächer auf das Zwiebelbett legen.
- Lücken zwischen den Auberginen oder Zucchini mit Lorbeerblättern, Champignons, Oliven, Fenchel, Artischockenherzen oder anderem Gemüse füllen.
- Mit weiteren Zwiebelscheiben belegen und mit Olivenöl beträufeln.
- Mit Alufolie abdecken und bei 190 °C im Backofen backen, bis das Gemüse gar ist.

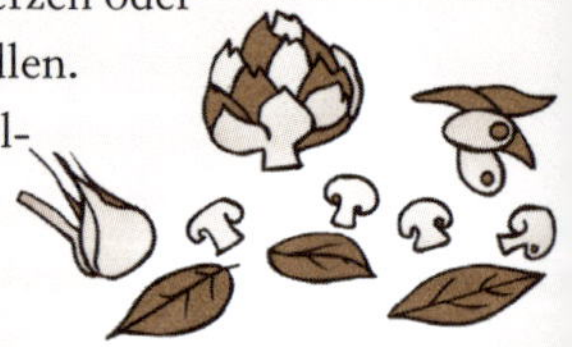

408. Heiß und herzhaft

Dieses Gemüsegericht sieht super aus und ist kinderleicht.

- Jede Art von Wintergemüse in 1 cm große Würfel schneiden: Kartoffeln, Kürbis, Karotten, Rübchen, Knollensellerie.
- Zwiebelspalten und Knoblauchzehen dazugeben.
- Ein paar rote Paprika oder Tomaten sorgen für Farbe und Geschmack. Es geht aber auch ohne!
- Das Gemüse in eine große Bratform geben und mit einer Handvoll Rosmarin, etwas Salz, Balsamico-Essig und Olivenöl vermengen.
- Im vorgeheizten Backofen 30 Minuten bei 190 °C backen.
- Eine kleine abgetropfte Dose Bohnen oder Kichererbsen untermischen und weitere 20 Minuten backen.
- Damit daraus eine vollwertige vegetarische Alternative zum üblichen Fleisch-Hauptgericht wird, gegen Ende der Garzeit guten Parmesan oder Pecorino, gemischt mit zwei Esslöffeln saure Sahne auf dem Gemüse verteilen.
- Für Veganer den Käse durch geröstete Pinienkerne und Saaten ersetzen.

409. Voller Kopf

Ein gefüllter ganzer Kohlkopf ist der runde Mittelpunkt eines Familienessens.

- Die beschädigten Außenblätter von einem Weißkohl entfernen. Den Strunk gerade abschneiden, damit der Kohlkopf einen stabilen Stand hat.
- Den Kohlkopf 10–15 Minuten in kochendem Salzwasser blanchieren, bis die äußeren Blätter weich genug sind, dass sie sich biegen lassen.
- Den leicht abgekühlten Kohlkopf auf ein großes Stück Musselin setzen und die äußeren Blätter vorsichtig nach unten ziehen, bis die Herzblätter zum Vorschein kommen.
- Die Herzblätter herausschneiden und fein hacken. Mit gekochtem Reis, Schinkenwürfeln und Erbsen anbraten und abschmecken.
- Die Mischung in den Kohl geben und die äußeren Blätter wieder darüberklappen. Den Kohlkopf mit Speckscheiben belegen, in das Musselintuch einschlagen und fixieren.
- Im vorgeheizten Ofen so lange backen, bis sich ein Holzspieß mühelos durch den Boden des Kohlkopfs stechen lässt.

- Den Kohlkopf in eine Servierschüssel legen und das Musselintuch abnehmen. Auf eine Platte stürzen und servieren.

410. Bessere Butter

Ob zum Verfeinern eines Grillsteaks oder zur Garnierung von Kartoffelpüree – Kräuterbutter schmeckt immer und lässt sich leicht selbst herstellen.

- Etwa zwei Bund frische Kräuter wie Schnittlauch, Petersilie, Minze, Dill mit 100 g weicher Butter und etwas Salz im Mixer zu einer glatten Masse verarbeiten.
- Die Butter in einem schmalen, langen Rechteck auf ein Stück Backpapier oder Alufolie streichen.
- Zu einer Rolle formen und die Enden wie bei einem Bonbon in entgegengesetzter Richtung zudrehen.
- Bis zum Servieren kalt stellen oder mehrere Rollen als Vorrat einfrieren.
- Die Kräuterbutterrolle in Scheiben schneiden.

411. Sterne fürs Steak, Blüten fürs Brot

Noch dekorativer wird Kräuterbutter, wenn sie in Buttermodeln gepresst wird. Alternativ tun es auch Plätzchenausstecher.

- Mit kleineren Plätzchenausstechern unterschiedliche Formen aus der Butter ausstechen und auf einem großen Teller kalt stellen. Vor dem Servieren die Butterformen in eine gekühlte Schale geben, eventuell auf Eis legen.

412. Garnierung light

Kalorienzähler und all jene, die gesättigte Fettsäuren vermeiden wollen, sind von Kräuterbutter (*siehe Tipp 410*) nicht allzu begeistert. Probieren Sie also diese frischeren, moderneren Garnierungen:

- Grob gemahlene Gewürze oder gehackte Kräuter (Sie können jene aus *Tipp 298* auftauen) in ein gutes natives Olivenöl rühren: Kreuzkümmel und Chili sind eine pikante Mischung, ebenso wie Minze- oder Korianderblätter.
- Das Würzöl über Pasta, Fisch oder Hähnchen, Suppen oder Croûtons träufeln. Schmeckt auch auf Pizzas.
- Bei Kuchendesserts und Fruchtsalaten können ein paar Tropfen fruchtig-trübes Olivenöl Schlagsahne oder Vanillesauce ersetzen. Aromatisieren Sie das Öl mit dem ausgekratzten Mark einer Vanillestange, einer Prise Zimt oder abgeriebener Zitronenschale (*siehe Tipp 162*).

413. Gegensätze ziehen sich an

Wer sagt, dass Garnierungen für Desserts immer süß sein müssen? Kräftige Gewürze oder Kräuter können ungewöhnliche Akzente setzen.

- Bestäuben Sie Schokoladen-Mousse mit Chilipulver.
- Servieren Sie Melonen, Erdbeeren oder Zitrusfrüchte mit etwas frisch gemahlenem Pfeffer.
- Bestäuben Sie Fettgebackenes und Waffeln mit Paprika-Zucker anstelle von Zimt-Zucker.
- Bieten Sie Selleriesalz zu geschmacklich intensiven Früchten wie Mango oder Papaya.
- Probieren Sie zu pochierten oder gedünsteten Früchten etwas gerösteten und gemahlenen Kreuzkümmel.

Süßes (oder herzhaftes) Ende

414. Süß und herzhaft

Ein süß-lieblicher Hauch kann bei herzhaften Speisen zu völlig neuen Geschmackserlebnissen führen.

- Bestreuen Sie einen Lammbraten mit Lavendelblüten.
- Schieben Sie getrocknete Rosenblätter unter die Haut eines Brathähnchens und bestreichen Sie es mit Honig und Joghurt.
- Linsensuppen lassen sich mit einem halben Teelöffel gemahlenem Zimt und/oder etwas geriebener Muskatnuss verfeinern.
- Lebkuchengewürz macht sich auch in cremigen Wintersuppen oder bei Blumenkohl gut.
- Geben Sie Zucker in einen Kürbis-Risotto.
- Eine Prise Zucker verstärkt die natürliche Süße von Karotten und jungen Erbsen.
- Honig ebenso wie Chutney schmecken köstlich zu allem, wo Käse drin ist.
- Mischen Sie im Sommer Melonenwürfel und Erdbeerstücke unter den grünen Blattsalat.
- Kochen Sie Kartoffeln zusammen mit ein paar Anissamen.
- Currys mit Kokosmilch werden durch Rosinen noch verfeinert.
- Zitrusmarmelade schmeckt super zu Fisch.

415. Tropffreies Eis

Eis am Stiel schmeckt Jung und Alt. Manchmal kann man es aber gar nicht so schnell essen, wie es tropft.

- Stechen Sie die Stiele durch Papierbackförmchen, runde Kaffeefilterblätter oder hübsche Papieruntersetzer für Kaffeetassen, um die Tropfen aufzufangen.

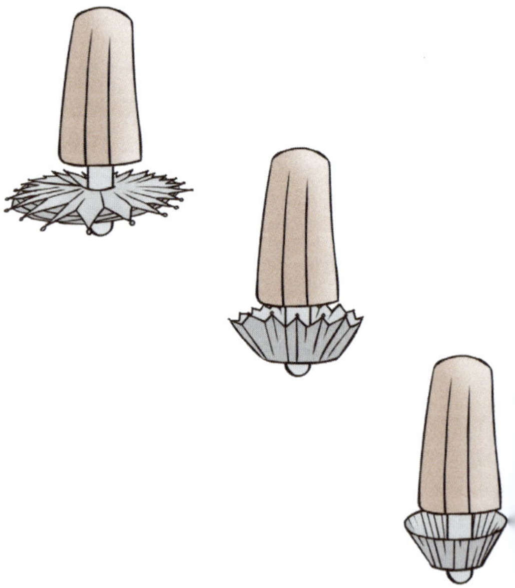

416. Meringenparade

Fertig gekaufte Meringen (Baisers) sind tolle Begleiter zu Kaffee oder Desserts – Sie sollten also immer welche zu Hause haben. Hier einige schnelle Ideen:

- Setzen Sie zwei Meringen mit einer Füllung aus zwei Teilen Schlagsahne und je einem Teil Mascarpone und Fruchtaufstrich oder Konfitüre zusammen.
- Die Seiten in Mandelblättchen wenden, sodass sie an der Füllung haften bleiben.
- Mit Beeren oder Mangos oder vielleicht einigen in Schokolade getauchten Kirschen servieren.
- Etwas Likör unter steif geschlagene Sahne ziehen, in Dessertgläser füllen und kühlen. Vor dem Servieren je eine Meringe daraufsetzen.
- Die Meringen mit dem Löffelstiel vorsichtig etwas aushöhlen und einen Teelöffel klein gewürfelte Früchte hineingeben.
- Mithilfe eines Spritzbeutels mit Sterntülle etwas gesüßte Schlagsahne daraufspritzen und mit Beerenpüree beträufeln oder fein gehackter Kaki oder Ananas garnieren.

417. Supermarkt spezial

Wenn Sie keine Zeit für ein selbst gemachtes Dessert haben und die fertigen Desserts im Supermarkt zu billig aussehen, kaufen Sie:

- Einen guten Schokoladenkuchen in Kastenform
- 250 g Schlagsahne
- Ein Glas Dulce de Leche (Milchkonfitüre), gesüßte Kondensmilch oder Karamellsauce
- Eine Dose gesüßtes Maronenpüree
- Eine kleine Flasche Kaffee- oder Schokoladenlikör bzw. -sirup
- Den Kuchen waagerecht in drei Böden schneiden und jeden mit einem Esslöffel Likör beträufeln.
- Die Sahne steif schlagen.
- Das Maronenpüree, 125 ml Milchkonfitüre und ein Esslöffel Likör verrühren.
- Die Schlagsahne unterheben.
- Die Kuchenböden mit dieser Creme wieder zusammensetzen, auch obenauf damit bestreichen, und den Kuchen mit Raspelschokolade bestreuen.
- In Scheiben schneiden und diese mit der Karamellsauce überziehen oder beträufeln.

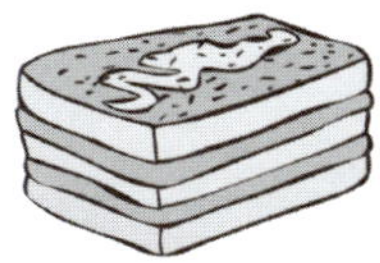

418. Panettone – nicht ohne!

Aus einem Panettone – dem italienischen Hefekuchen – lässt sich ein beeindruckendes Dessert kreieren.

- Den Panettone waagerecht in drei Böden schneiden.
- Den unteren und mittleren Boden mit etwas cremig gerührtem Mascarpone, aromatisiert mit etwas Fruchtlikör oder Raspelschokolade, bestreichen. Klein gewürfelte Obststücke darauf verteilen und die Böden zusammensetzen.
- Den Panettone großzügig mit Puderzucker bestäuben und mit Minze oder Zitronenmelisse oder einigen essbaren Blüten (Kapuzinerkresse, Rosen oder Veilchen) garnieren.

Ein echtes Prachtstück, das perfekt zum Espresso nach dem Essen passt.

419. Blitzglasur

Die schnellste Glasur überhaupt – egal für welchen Kuchen.

- Den Kuchen oben und an den Seiten mit Schlagsahne bestreichen.
- Schokoladenhobel an den Rand andrücken. (Die Hobel können Sie selbst herstellen, indem Sie sie mit einem Gemüseschäler von der Kante einer Tafel Schokolade abschälen.)
- Die Oberseite mit frischen Beeren garnieren und sofort servieren.

420. Früchtekuchen aufpeppen

Außer an Weihnachten sind Früchtekuchen mit dicker Zuckerglasur einfach zu viel des Guten.

- Die Glasur verdünnen oder ganz weglassen.
- Die Oberseite stattdessen mit abgezogenen Mandeln garnieren. Sie können eine Botschaft mit den Mandeln schreiben oder ein schönes Muster legen.
- Den Kuchen mit Kerzen garnieren. Versuchen Sie es mit Teelichtern, die Sie etwas in den Kuchen drücken.
- Für einen Geburtstag können Sie die Kerzen auch durch Wunderkerzen ersetzen.

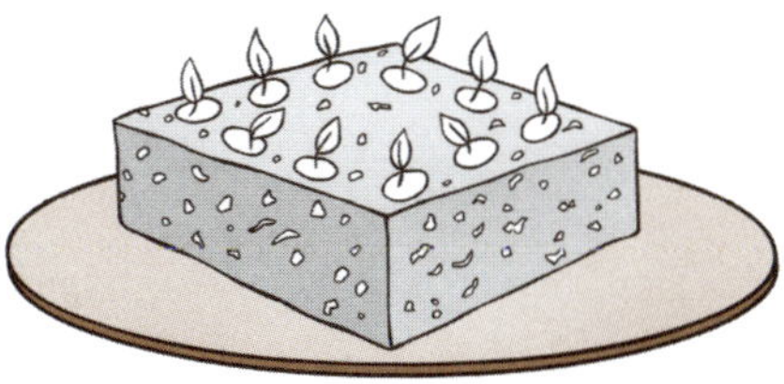

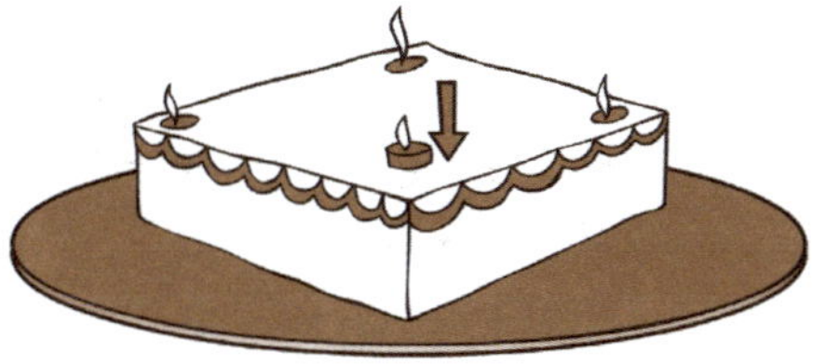

421. Wachsschutz

Wachs, das von den Geburtstagskerzen auf den Kuchen tropft, ist nicht besonders schön und im Übrigen auch unverdaulich.

- Marshmallows in Scheiben, türkisches Fruchtkonfekt (Lokum) oder Lakritzkonfekt sind gute Tropfenfänger für kleine Kerzen.
- Oder verwenden Sie andere scheibenförmige, weiche Süßigkeiten.
- Aus Alufolie lassen sich Blumen falten oder ausschneiden, die die Wachstropfen auffangen. Legen Sie die Alublumen auf den Kuchen und drücken Sie die Kerzen durch die Blumenmitte in den Kuchen. Entfernen Sie die ausgepusteten Kerzen und lassen Sie das Wachs fest werden. Nun können die Alublumen oder Süßigkeiten problemlos entfernt werden.

422. Glassplitter

Hier ist eine effektvolle Garnierung für Cremedesserts und Eiscreme.

- Ein Backblech mit Alufolie belegen und einfetten.
- Mehrere gleich große eingefettete Backringe daraufsetzen.
- Zwei oder drei kleine Fruchtbonbons in jede Form geben.
- Etwa fünf Minuten in den vorgeheizten Ofen schieben, bis die Bonbons schmelzen und zerlaufen.
- Auskühlen lassen und von der Folie ziehen.
- In Splitter brechen. Erst unmittelbar vor dem Servieren aufrecht in das Dessert stecken.
- Oder wählen Sie Bonbons in passenden Farben und lassen Sie sie zu einer größeren runden Scheibe schmelzen, mit der Sie die Oberseite einer Torte bedecken und deren Rand Sie mit Cremerosetten verzieren können.
- Anstelle der Backringe können Sie auch dekorative Ausstechformen aus Metall verwenden.

423. Fruchtig

Egal ob Sie einen gekauften Kuchen servieren oder rasch einen selbst gemachten verzieren wollen – hier sind einige Ideen:

- Mit einem Orangenschäler oder Zestenreißer von der Schale einer großen Orange oder Zitrone möglichst lange dünne Streifen ablösen. Spiralförmig oder als Nester auf einem honigglasierten Früchtebrot anrichten.
- Ganze ungeschälte Äpfel waagerecht oder Birnen senkrecht in so dünne Scheiben wie möglich schneiden. Die Scheiben abwechselnd, einander überlappend am Kuchenrand andrücken. Mit heißer Konfitüre aprikotieren.
- Ungeschälte Birnen oder Ananasringe in dünne Spalten schneiden. Etwa 2 cm tiefe Einschnitte in die Oberseite eines unglasierten Kuchens machen und die Fruchtstücke vorsichtig hineinstecken, sodass die spitzen Enden nach oben ragen wie kleine Segel.

424. Süße Überraschung

So lässt sich auch ohne Gasbrenner eine knusprige Karamellkruste für Crèmes brûlées herstellen.

- Ein Blech mit Backpapier belegen und mit einem Pinsel Öl in Kreisen aufstreichen, die so groß sind wie die zu verwendenden Dessertförmchen.
- Die Ölkreise gleichmäßig mit braunem Zucker bestreuen.
- Zwei bis drei Minuten unter dem Backofengrill erhitzen, bis der Zucker karamellisiert ist.
- Abkühlen lassen und die Karamellscheiben vorsichtig abziehen.
- Die Cremes erst unmittelbar vor dem Servieren damit garnieren, sonst löst sich das Karamell wieder auf.

425. Zitruswolke

Dieses erfrischende Dessert sorgt für luftig leichten Genuss.

- Gutes Lemon Curd (Zitronenaufstrich, in gut sortierten Supermärkten) mit etwas Passionsfruchtmark verrühren.
- Gesüßte geschlagene Sahne und griechischen Joghurt zu gleichen Teilen verrühren.
- Fruchtmischung und Sahnejoghurt abwechselnd in Dessertgläser schichten.
- Mit gerösteten Kokosraspeln garnieren und sofort servieren.

426. Birnen im Poncho

Sieht lustig aus, geht schnell und schmeckt lecker: geschälte und entkernte Birnen (mit Stiel) im Blätterteigponcho.

- Aus Blätterteig kleine Quadrate ausschneiden, auf denen die Birnen aufrecht sitzen.
- Die Quadrate mit etwas Konfitüre bestreichen und auf ein eingefettetes Backblech legen. Die Birnen daraufsetzen. Nach Belieben die Birnen mit etwas gehackter Schokolade, Frischkäse oder Maronenpüree füllen.
- Zusätzliche größere Quadrate ausrollen – die Seitenlänge sollte etwa der 1,5-fachen Höhe der Birnen entsprechen.
- Eine kleine Raute aus der Mitte ausschneiden und die Quadrate so über die Birnen legen, dass der Stiel durch die ausgeschnittene Raute ragt.
- Mit einem kleinen scharfen Messer oder einer Schere die unteren Teigränder fransig schneiden.
- Im vorgeheizten Ofen goldbraun backen.

427. Schön verziert

Ein einfacher Pudding wird durch die Verzierung etwas Besonderes.

- Den Rand mit Beeren, Obstsalat oder Ananasringen belegen.
- Oder mit kandierten Blüten verzieren: Veilchen, Stiefmütterchen oder Rosenblätter mit Eiweiß bestreichen, vorsichtig in feinem Zucker wenden und trocknen lassen.
- Oder mit in kleine Rauten geschnittener kandierter Angelika oder kandierten Zitronenzesten bestreuen.
- Oder mit Orangettes (schokolierte kandierte Orangenschale) bestreuen.
- Und fürs Party-Büffet: eine Garnierung aus Schoko-Minze-Täfelchen, belegt mit je einer Maraschino-Kirsche.

428. Tortentransport

Torteletts, Torten und Quiches sehen gut aus und sind einfach zuzubereiten – aber manchmal schwierig zu transportieren, vor allem wenn die Füllung recht flüssig oder weich ist.

Machen Sie einfach Piroggen – kleine Teigtaschen aus Hefe- oder Blätterteig – daraus.

- Die doppelte Menge Teig wie im Rezept angegeben zubereiten.
- Anstelle von Tortelett-Förmchen Backbleche verwenden.
- Aus dem ausgerollten Teig Kreise ausschneiden, etwas Füllung in die Mitte geben und zu Halbkreisen zusammenklappen.
- Oder Quadrate ausschneiden, füllen und zu Dreiecken zusammenklappen.
- Oder die Teigkreise nicht zusammenklappen, sondern mit einem zweiten Teigkreis bedecken.
- Oder den Teig mit großen Ausstechformen ausstechen und mit Füllung wieder zusammensetzen.
- Die Teigränder mit Wasser bestreichen und mit einer Gabel zusammendrücken.

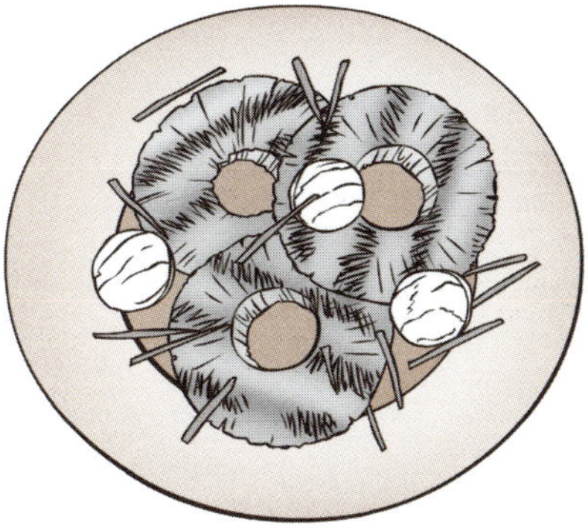

429. Käse oder Dessert?

Warum nicht beides? Servieren Sie ein Zwei-in-einem-Dessert aus Käse und Früchten mit Kräutern oder Gewürzen. Versuchen Sie:

- Saftige Birnen mit Stilton-Walnuss-Füllung
- Wassermelonenwürfel, garniert mit zerkrümeltem Feta und frischer Minze
- Apfelspalten und mittelalter Gouda, mit Zimtzucker bestäubt und mit Rosinen garniert
- Frische Feigen und Ziegenfrischkäse, mit Thymian- oder Lavendelhonig beträufelt
- Mango mit frisch gemahlenem Pfeffer und Parmesanspänen
- Gegrillte Ananas und eingelegter Ingwer in Scheiben mit einem Klecks Ricotta
- Litschis gefüllt mit kleinen, mit Chili und Kreuzkümmel gewürzten Mozzarellakugeln

430. Pizza-Finish

Überraschen Sie Ihre Gäste mit ausgefallenen Pizzabelägen.

- Die Pizza mit reifem Brie oder Camembert, in kleine Stücke zerteilt, und halbierten blauen und weißen Trauben belegen. Mit Olivenöl bestreichen und backen. Vor dem Servieren mit Bitterorangenmarmelade glasieren.
- Alternativ mit Roquefort oder Stilton, Birnen und Walnüssen belegen und mit in Honig getauchtem Rosmarin garnieren.
- Oder mit geraspeltem Gruyère (oder Gouda oder Provolone), Prosciutto und Feigen belegen. Dazu Portwein servieren.

431. Leichte Getränke

Irgendjemand auf Diät? Bieten Sie Ihren Gästen eine Auswahl an kalorienarmen, aber trotzdem leckeren Getränken an.

- Für alle, die Alkohol trinken, ihr Getränk aber mit einer gesünderen Alternative als Cola oder Limonade mixen wollen, bieten sich die zahlreichen aromatisierten Mineralwässer an, die es jetzt überall gibt.
- Eine gesunde alkoholfreie Alternative zu Sekt sind frisch gemischte Saftschorlen.

432. Glutenfreie Kanapees

Immer nur Reiscracker als Fingerfood-Grundlage für Gäste mit Glutenunverträglichkeit? Hier ein paar andere Ideen:

- Höhlen Sie 5 cm hohe Gurkenstücke leicht mit einem Melonen-Kugelausstecher oder einem Teelöffel aus.
- Eine 1 cm dicke Gurken- oder Zucchinischeibe ist eine gute Alternative zu Toast.
- Knackige, stabile Chicoréeblätter
- Spargel- oder Selleriestangen, Karottenstifte oder Paprikastreifen
- Trocknen Sie die Gemüsestücke gut ab und bereiten Sie sie nicht zu früh zu, sonst werden sie weich.

433. Ohne dunkles Fleisch

Haben Sie Gäste, die aus Gesundheitsgründen kein rotes Fleisch essen? Falls Sie Ihnen ein fleischfreies Menü anbieten, achten Sie darauf, dass es nicht zu viele fette Milchprodukte enthält, auch wenn Käse als ein logischer Ersatz erscheint; er enthält viele gesättigte Fettsäuren.

- Verwenden Sie stattdessen mageres weißes Fleisch oder Nüsse oder einfach viel Gemüse und Hülsenfrüchte.
- Oder vielleicht schmeckt das Rezept auch mit einem fettarmen Käse oder mit Joghurt.

434. Zuckerfrei

Nicht nur Diabetiker müssen oder wollen auf Zucker verzichten. Stattdessen können Sie ein Getränk auf andere Weise aromatisieren.

- Kochen Sie einen Kaffee oder brühen Sie einen Tee auf mit einer kleinen Zimt- oder Vanillestange oder bieten Sie eine Stange als Löffelersatz zum Umrühren. Die Zimt- oder Vanillenote lässt die meisten den fehlenden Zucker vergessen.
- Eine zerdrückte Kardamomkapsel oder geriebene Muskatnuss können denselben Effekt haben.
- Manche Kräuter und Gewürze können das Verlangen nach Zucker reduzieren. Chili mit Zimt in einem heißen Kakao, eine Prise Pfeffer auf einer frischen Frucht, etwas frischer Ingwer im Tee oder gleich Pfefferminztee …
- Verwenden Sie Fruchtpürees zum Süßen von Cremedesserts (Apfelmus kann auch als Creme- oder Puddingersatz dienen).
- Anstelle von süßen Limonaden bieten Sie Wasser (mit oder ohne Kohlensäure) mit einem Spritzer Saft an.
- Anstelle von stark gesüßten, aromatisierten Fruchtjoghurts bieten Sie Naturjoghurt an, zu dem Sie Honig und frische Früchte reichen.

435. Salzarm

Für alle, die sich salzarm ernähren müssen oder wollen, gilt:

- Verwenden Sie natriumfreies Diätsalz.
- Greifen Sie zum Abschmecken auf Kräuter und Gewürze zurück, etwa Knoblauch, Kurkuma, Chili- oder Paprikapulver, Pfeffer, Ingwer, Oregano, Petersilie, Koriander, Tamarinde.
- Verwenden Sie viel Zitronen- und Limettensaft.
- Greifen Sie zu natriumarmen oder -freien Fleischbrühen.

■ Zum Abschluss

436. Zum Kaffee

Es ist immer stilvoll, nach dem Essen einen Kaffee oder Espresso mit etwas Schokolade anzubieten.

- Geben Sie die Schokoladenbonbons, -täfelchen oder -riegel einzeln auf die Untertassen, anstatt die ganze Packung auf den Tisch zu stellen.
- Ersetzen Sie die Löffel durch eine Zimtstange.

So kann sich Ihr Espresso-Dessert sehen lassen.

437. Heiße Schokolade

Wie wäre es mit einer „echten" heißen Schokolade anstelle eines herkömmlichen Desserts und einem Kaffee?

- 200 g Zartbitterschokolade in 250 g heißer, flüssiger Sahne auflösen.
- Jede Tasse zu einem Viertel mit dieser Mischung füllen und mit aufgeschäumter heißer Milch aufgießen.
- Mit Zimt oder Kaffeepulver bestäuben oder Vanillezucker dazu reichen.
- Dazu Plätzchen oder Erdbeeren reichen.

438. Heiße Gewürzmilch (indischer Chai)

Dieses Getränk ist einfach köstlich, vor allem nach einem scharfen Essen, um den brennenden Gaumen zu besänftigen. Außerdem ist die Milch ein herrlicher Schlaftrunk für Gäste, die über Nacht bleiben.

- Einen Liter Milch mit je drei Zimtstangen, Gewürznelken und Kardamomkapseln, alle zerdrückt, und etwas frisch geriebenem Ingwer erhitzen.
- Die Milch einige Minuten ziehen lassen. Dann die Gewürze abseihen (oder gleich wie in *Tipp 192* verfahren) und die Milch servieren.
- Mit gemahlenem Zimt oder mit je drei Safranfäden garnieren.
- Dazu Amaretti oder Ingwerkekse reichen.

439. Schnelles Essen

Unangekündigte Gäste zum Essen?

- Pasta oder Kartoffeln oder Reis sind schnell als Beilagen gekocht.
- Das schnellste Essen ist immer noch ein Stück Fleisch oder Fisch – gegrillt oder gebraten.
- Für Vegetarier, die Eier essen, ist ein Omelett die perfekte Lösung.
- Veganer kann man mit einem Eintopf aus Linsen oder Bohnen und Gemüse mit Kokosmilch und Currypaste schnell und gut satt machen.
- Als Gemüsebeilage dämpfen Sie grünes Gemüse (aus der Tiefkühltruhe), bereiten Sie einen Salat oder eine einfache Salsa aus gehackten Tomaten, Chili, Koriander und Paprikapulver zu.
- Garnieren Sie das Fleisch oder den Fisch mit einer selbst gemachten Sauce (*siehe Tipp 440*).
- Zum Dessert krümeln Sie ein paar Kekse oder ein Stück Rührkuchen in Vanilleeis. Oder geben Sie zwei Eiskugeln in einen Espresso, Sahnehäubchen obenauf: Fertig ist ein köstlicher *affogato*.

440. Salsa im Nu

Ein paar Nudeln, ein Stück Pizza oder eine einfache Frikadelle erhalten durch eine richtig gute Sauce den Ritterschlag.

- Bereiten Sie Ihr eigenes Pesto zu: 50 g Pinienkerne, zwei Handvoll gehackte Basilikumblätter, gutes Olivenöl (zum Binden) und etwas Parmesan im Mixer, mit dem Stabmixer oder von Hand vermengen.
- Geröstete Paprika und/oder Tomaten, gehäutet und mit Knoblauch püriert, vielleicht noch mit einer Prise Chilipulver und ein paar frischen Kräutern verfeinert, sind noch einfacher.
- Wenn Sie eine tropische Frucht oder eine Avocado zu Hause haben, hacken Sie sie und mischen Sie sie mit klein gewürfelter roter Zwiebel oder Chillies, ein paar Gurkenwürfeln und entweder Zitronensaft oder Crème fraîche für eine schnelle Salsa.
- Peppen Sie Butter auf, indem Sie abgetropfte, gehackte Kapern oder grüne Pfefferkörner, etwas scharfen Senf und ein paar frisch gehackte Kräuter einarbeiten.

441. Käse zuerst?

Ist die Zeit superknapp? Dann servieren Sie als ersten Gang eine kleine Käseplatte anstelle einer Suppe.

- Reduzieren Sie das Menü auf ein paar Häppchen vorneweg, einen Hauptgang und ein Dessert.
- Kochen Sie nur das Hauptgericht selbst – geröstetes Balsamico-Gemüse (*siehe Tipp 269*) mit Bohnen oder gegrillten Steaks sind einfach und schnell zubereitet.
- Kaufen Sie für die anderen Gänge gute Fertigprodukte.
- Kaufen Sie guten Käse von der Käsetheke und verschiedene Brotsorten wie Focaccia, Ciabatta und/oder Baguette und ein dunkleres Brot.
- Servieren Sie einen Teil des Brotes mit Käse und Wein als Aperitif.
- Falls Ihre Käseplatte noch was Besonderes braucht, können Sie Mozzarella oder Feta in warmem Olivenöl und ein paar Kräutern und Gewürzen (z. B. Chili, Fenchel, Knoblauch, Basilikum und Zitrusschalen) marinieren.
- Reichen Sie eingelegte Oliven und geröstete, pikant gewürzte Nüsse dazu.
- Servieren Sie das restliche Brot zum Hauptgang.
- Tolle Dessertideen finden Sie unter *Tipp 442.*

442. Dessert? Fertig!

- Für ein sommerliches Dessert schneiden Sie Pfirsiche (oder eine andere weiche Frucht, z. B. Mango) in Scheiben, die Sie mit Eiscreme und etwas Karamell- oder Fruchtsauce auf Tellern anrichten und mit gehackten Pistazien garnieren.
- Im Winter schmecken pochierte Früchte und Kompott. Beträufeln Sie Ihr Dessert nach Belieben mit etwas Wein oder Likör oder servieren Sie es mit Vanillesauce.
- Denken Sie auch mal an köstliches Feingebäck, das Sie mit einem Klecks Schlagsahne oder einer Schokoladenganache (geschmolzene Schokolade unter steif geschlagene Sahne gezogen) servieren können.
- Ein Fruchtsalat garniert mit gerösteten Kokosraspeln oder essbaren Blüten sieht extrem gut aus.
- Einfacher als frische Beeren mit Schlagsahne geht es kaum.
- Ein Crumble (Obst mit Edelstreuseln überbacken; *siehe Tipp 274*) geht schnell, ist superlecker und bäckt von ganz allein im Ofen, während Sie mit Ihren Gästen am Tisch sitzen und plaudern.

■ Partystunden

443. Erschwingliche Einladungen

- Wenn das Budget begrenzt ist, sehen Sie von einem Dinner oder einem ausgetüftelten Essen ab.
- Alkohol ist teuer. Falls Sie also auf ein schönes Ereignis anstoßen wollen, sollten Sie die Einladung auf einen kleinen abendlichen Empfang beschränken. Guten Sekt oder Prosecco gibt es schon für relativ wenig Geld.
- Lassen Sie das gute alte Kaffeekränzchen aufleben.
- Enge Freunde, die Familie oder Geschäftspartner kann man auch zum Frühstück einladen.
- Laden Sie Freunde nach einem Theaterabend oder einer anderen Veranstaltung zu sich auf einen späten Kaffee ein. Ihre Gäste haben wahrscheinlich schon davor oder in der Pause etwas gegessen. Sie brauchen also nur etwas Salzgebäck, einen Dessertwein, Weinbrand oder Likör und natürlich Kaffee oder Tee mit einer kleinen Plätzchenauswahl aufzubieten.
- Für eine kleinere Personenzahl ist ein Picknick immer eine prima Sache.

444. Fürstliches Frühstück

Papayas sind nicht nur superlecker, sie stecken auch voller Vitamine und Mineralien, sind einfach vorzubereiten und darüber hinaus auch noch sättigend. Für ein fürstliches Frühstück beträufeln Sie sie mit einem zitrus-frischen Sirup:

- Einen Sirup mit Limettensaft und -schale zubereiten. Einen Schuss Orangenblüten- oder Rosenwasser dazugeben.
- Über die Papayaspalten träufeln, etwas Pfeffer darübermahlen und mit einigen essbaren Blüten garnieren; weiße oder blaue Blüten (Hornveilchen) kontrastieren besonders gut.

445. Chill-out-Picknick

Ein Picknick macht nur halb so viel Spaß, wenn die bei der Abfahrt noch gut gekühlten Speisen und Getränke bei der Ankunft oder nach kürzester Zeit warm sind.

- Flüssigkeiten können Sie einfrieren und in kleinen wasserdichten Behältern transportieren. Sie tauen von alleine auf.
- Verteilen Sie diese „Kühlakkus" im ganzen Picknickkorb, um damit andere Speisen zu kühlen. Diese sollten ebenfalls wasserdicht verpackt sein, damit sie nicht verwässern oder aufweichen.
- Alternativ stellen Sie eine Tüte voller Eiswürfel in die Mitte des Korbs und packen Sie die Speisen ringsum.
- Trauben, die tiefgekühlt mitgenommen werden, sind bei der Ankunft gerade richtig temperiert.
- Und stellen Sie den Picknickkorb zu sich nach vorn – nicht in den Kofferraum, dort ist es zu heiß.

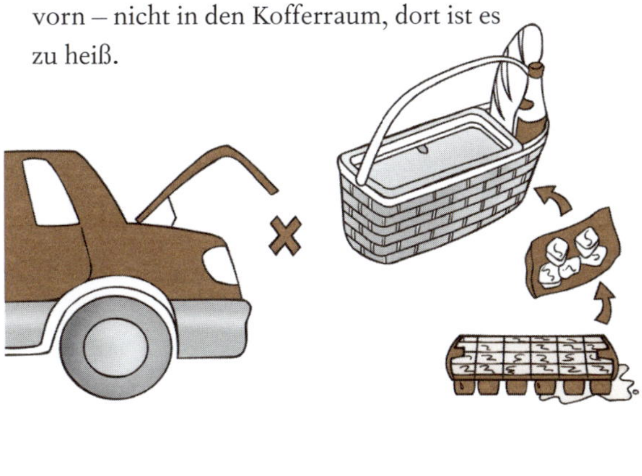

446. Sushi bei Nacht

Um Ihre Vorbereitungen auf ein Minimum zu reduzieren, ist Sushi eine tolle Idee.

- Lassen Sie sich im nächsten Sushi-Laden eine Auswahl zusammenstellen. Das Sushi sollte die Hauptattraktion des Essens sein.
- Als Vorspeise sollten Sie auf Tempura verzichten; probieren Sie Wasabinüsse (*siehe Tipp 401*) oder Edamane (Sojabohnen), die Sie tiefgefroren im Asia-Laden kaufen können. Sie müssen nur zwei Minuten in kochendem Wasser gegart werden.
- Servieren Sie eine Misosuppe dazu (auch vom Japaner), garniert mit gehackten Frühlingszwiebeln und Tofuwürfeln.
- Kalte Sobanudeln mit gerösteter Sesamsaat, in heller Sojasauce und Honig geschwenkt, machen auch jene glücklich, die nach dem Sushi immer noch Appetit haben.
- Zum Dessert gibt's frisches Obst, grünen Tee oder ein Sorbet.

Tischdekoration

Ein Plätzchen für jedes Familienmitglied und jeden Gast für jedes Essen – vom Familienessen im ungezwungenen Rahmen bis hin zur Festtagstafel; neue Ideen für Tischschmuck, der nicht im Weg steht.

Tolle Tischsets

447. Ausgestochen

Mit einem kleinen Extra-Aufwand wird der gedeckte Tisch noch schöner.

- Rollen Sie die Servietten auf und stecken Sie sie durch Ausstechformen aus Metall.
- Stechen Sie herzhaftes Gebäck zur Käseplatte oder süße Plätzchen zum Kaffee in denselben Formen aus.
- Packen Sie für jeden Gast ein paar Plätzchen in einen kleinen Chiffonbeutel und binden Sie einen Keks ans Ende der Kordel. Beschriften Sie den Beutel mit dem Namen des Gastes. So haben Sie gleichzeitig eine Platzkarte und ein kleines Geschenk für jeden Gast.

449. Spitze!

Alte Spitzen- und Häkeldeckchen bekommen eine neue Aufgabe.

- Legen Sie ein Spitzendeckchen zwischen Platz- und Speiseteller (oder Speise- und Suppenteller) oder verwenden Sie es als Untersetzer für Servierformen.
- Nähen Sie zum Beschweren ein paar Perlen an den Rand der Deckchen und verwenden Sie sie dann als Mückenschutz auf Karaffen und Gläsern.
- Für einen ungewöhnlichen Tischläufer nähen Sie einfach ein paar passende Deckchen aneinander oder im Kreis zu einer Blüte zusammen.

448. Weiche Landung

Dicke Tischsets verhindern, dass Tafelgeschirr den Holz- oder Glastisch zerkratzt. Außerdem sind sie auch optisch ein Gewinn.

- Gestalten Sie Ihre eigenen Sets aus bunten Filzrechtecken.
- Mit Motivlochern oder einem Stanzgerät für Gürtel kann am Stoffrand eine hübsche Borte gestanzt werden.

Ein Plätzchen für jeden

450. Ob's passt oder nicht

Im Zweifelsfall nehmen Sie für jede Gelegenheit das schlichte weiße Porzellangeschirr. Klassische und moderne Formen sind gut als Abwechslung, wenn Sie Gäste haben. Wenn Sie nicht genug Geschirr aus einer Serie haben, mischen Sie es einfach. Damit es gewollt und nicht zusammengewürfelt aussieht, gilt Folgendes:

- Verwenden Sie mehrere Farben in derselben Form oder mehrere Formen im selben Farbton.
- Mischen Sie bei Tellern, Schüsseln, Gläsern oder Besteck nicht mehr als zwei bis drei Formen oder Farben.
- Bei Weingläsern, Kaffee- und Teetassen sind die Kombinationsmöglichkeiten größer. Hier darf sogar jedes Stück anders sein: So können Ihre Gäste ihr Glas oder ihre Tasse leichter wiedererkennen.

451. Mit Kleinkindern

Bei Kleinkindern, die gerade essen lernen, ist Kleckerei nicht zu vermeiden.

- Um Ihre gute Tischwäsche zu schützen, legen Sie den Kinderplatz mit Seiten aus einem alten Comicheft aus.
- Wenn es unbedingt Tischwäsche sein soll, dann nehmen Sie möglichst dunkel gemusterte. Darauf sind die wenigsten Flecken zu sehen.
- Oder verwenden Sie im Gegenteil weiße Tischwäsche, die gekocht bzw. gebleicht werden kann.

452. Dein Glas oder mein Glas?

Um bei einer Party die ewige Suche nach dem eigenen Glas zu vermeiden:

- Bei einem informellen Anlass wickeln Sie je ein Haargummi um jeden Glasstiel. Sie sollten alle andersfarbig sein.
- Für einen formellen oder feierlicheren Anlass ziehen Sie schöne Glasperlen auf ein Satinband und binden Sie diese um den Glasstiel.

453. Büffet-Reihenfolge

Auf den meisten Büffets ist das Besteck am Anfang neben Tellern und Servietten zu finden. Aber wie soll man bloß Teller, Serviette und Besteck halten und dabei noch Essen auf den Teller laden? Deshalb:

- Suppen stehen auf einem eigenen Büffet.
- Auch hier gilt die Reihenfolge: erst die Suppenteller bzw. -schalen mit Servietten, dann die Suppenterrinen und zuletzt die Löffel.
- Am Anfang des großen Büffets stehen Teller und Servietten.
- Dann folgen die Hauptgerichte, Salate und Gemüse; dahinter Beilagen wie Brot, Pasta oder Reis.
- Danach kommen Würzmittel, Dips und Saucen.
- Und erst ganz zuletzt wird Besteck angeboten.
- Lassen Sie die Gäste wissen, dass die Desserts separat serviert werden – auf einem anderen Büffet oder auf Tellern am Tisch.
- Die Käseplatte sollte neben dem Dessertbüffet zu finden sein.

454. Würze in die Mitte

Wo soll man Salz, Pfeffer und andere Würzmittel hinstellen?

- Für ein Essen im lockeren Rahmen halten Sie ein kleines Set auf dem Beistelltisch, in Tischmitte oder nahe dem Gastgeber bereit. Reichen Sie es bei Bedarf herum.
- Bei jedem formalen Anlass bis zu zehn Personen sollten die Würzmittel in der Tischmitte stehen. Sind es mehr als zehn, sollten Sie zwei Sets an die Tischenden stellen.
- Sobald es mehr als zwei Würzmittel sind, stellen Sie sie in einem kleinen Korb, auf einem Platzteller oder kleinem Tablett zusammen.
- Saucen und Dressings sollten auf dem Tisch neben der Speise, zu der Sie gereicht werden sollen, stehen.

455. Zapfenstreich

Für eine originelle Tischdekoration:

- Füllen Sie kleine Teelichtgläser, Dessertförmchen oder andere kleine Formen (möglichst aus dem gleichen Material, z. B. weißes Porzellan, Silber oder Glas) mit Dekosand.
- Setzen Sie nun Tannenzapfen mit der Spitze nach oben in den Sand und stellen Sie die Formen in einer (Wellen-)Linie oder in Gruppen auf den Tisch.
- Sie können auch einen Weg aus kleinen Kieseln oder Dekosand durch den „Wald“ streuen.

456. Frühstücks-deko

Sie haben Freunde zum Frühstück eingeladen? Und für Deko aus dem Blumenladen ist es noch zu früh?

- Legen Sie ein paar frische Eier in eine schöne Schale oder auf einen Teller …
- … oder in einen altmodischen Brotkorb.
- Stapeln Sie nicht zu hoch, sonst bilden sich in den Schalen Risse oder sie gehen ganz kaputt.
- Wenn Ihnen diese Deko zu puristisch ist, mischen Sie braune und weiße Eier …
- … oder geben Sie ein paar frische Kräuter oder junges Gemüse dazu. Baby-Karotten oder Brokkoli-Röschen bilden einen schönen Kontrast in Form und Farbe zu den Eiern.
- Alternativ dekorieren Sie einen oder zwei Körbe mit Pilzen und/oder ganzen Nüssen – die Pilze sollten dann aber noch am selben Tag verwertet werden.
- Stellen Sie ein oder zwei schöne Zweige aus dem Garten in eine Vase.

457. Erntefrisch

Wenn Sie wirklich einen besonderen Blickfang gestalten wollen:

- Bürsten Sie einfache Tontöpfe gründlich unter heißem Wasser ab.
- Betupfen Sie sie mit einem angenehmen Raumduft oder mit verdünnten ätherischen Ölen wie Aprikose, Orange, Zimt, Lavendel, Vanille oder Mandel.
- Geben Sie Obst und Nüsse in die Töpfe und füllen Sie die Lücken mit Gewürzen und Kräuterzweigen. Nehmen Sie pro Topf nur eine Sorte Obst oder ein Thema mit höchstens drei bis vier Zutaten. Ihr Thema kann von einer Farbe, von einem Lieblingsgericht oder einer Jahreszeit inspiriert sein, z. B. grüne Äpfel und Lorbeerblätter mit einigen Blaubeeren; Pfirsiche und Aprikosen mit Zimt; Orangen mit Gewürznelken gespickt.
- Verteilen Sie die Töpfe in einer Reihe auf dem Tisch oder gruppieren Sie sie stufenförmig in der Tischmitte: Setzen Sie einen Topf auf eine umgedrehte Untertasse, eine andere auf eine umgedrehte Tasse usw.

458. Süße Früchte

In Zeitnot?

- Eine Schale oder Platte mit schön arrangierten Früchten genügt schon als prächtige Tischdeko. Für einen besonderen Effekt bestäuben Sie das Obst leicht mit Puderzucker.
- Oder stecken Sie kleine Bündel Zimtstangen (mit einem schönen Satinband oder mit Bouillondraht zusammengebunden), Sternanis, Nüsse, Kiefern- oder Tannenzapfen dazwischen.
- Falls Sie doch noch etwas Zeit haben, können Sie Früchte wie z. B. Birnen mit essbarem Blattgold oder -silber verzieren. Ein Motiv, z. B. ein Blatt, mit Eiweiß auf die Schale malen und die Folie auftupfen.

459. Beleuchtete Sitzordnung

Für eine einfache Essenseinladung mit einem Obst- oder Eisdessert lassen sich aus Orangen dekorative Platzkarten basteln.

- Mit der Spitze eines Sparschälers können Sie den Vornamen oder die Initialen jedes Gastes in die Orangenschalen ritzen. Oder stecken Sie die Buchstaben aus Reihen von Gewürznelken hinein.
- Stellen Sie die Orangen in kleine Formen (damit sie nicht wegrollen) und bohren Sie eine schlanke Kerze in jede Orange. Die Gäste dürfen ihre Kerze selber anzünden. Das warme Wachs setzt die ätherischen Öle in der Orangenschale frei. Ein herrlicher Duft!

Kerzen und Blumen

460. Leuchtendes Gemüse

Manche Gemüsesorten geben auch tolle Kerzenhalter ab.

- Von einigen Paprika einen Deckel abschneiden.
- Teelichter in kleine Gläser stellen und diese in die Früchte setzen.
- Mehrere Paprika in einer Reihe oder Gruppe aufstellen.
- Verwenden Sie nach Belieben einfarbige oder farbig gemischte Früchte.

461. Blumen aus der Dose ...

Funktionieren Sie leere Konservendosen als Blumenvasen um.

- Schneiden Sie – vorzugsweise grünes – Gemüse in Stifte, die so lang sind wie die Dose hoch, z. B. ungeschälte Gurke, Sellerie, Porreeblätter, Mangoldstängel, Spargelstangen.
- Legen Sie ein Haushaltsgummi um die Dose und stecken Sie die Gemüsestifte dazwischen, sodass die Dose von außen komplett verdeckt wird.
- Binden Sie nun ein Deko- oder Bastband darum und entfernen Sie das Gummi wieder.
- Füllen Sie die Dose mit Wasser und stellen Sie Schnittblumen hinein.
- Stellen Sie die Vase auf einen Teller und gießen Sie etwas Wasser hinein, damit auch das Gemüse frisch bleibt.
- Alternativ können die Gemüsestifte auch in Sonnentönen gehalten werden, z. B. mit roten Mangold- oder Rhabarberstängeln, Karotten, gelber und orangefarbener Paprika.

462. ... oder aus der Flasche

Wenn Sie nur einzelne Blumen auf einem größeren Bereich verteilen wollen, ist diese Variante von *Tipp 461* eine prima Idee.

- Sie brauchen mehrere Flaschen mit schlankem Hals und ähnlichen Formen.
- Ähnlich wie bei *Tipp 461* hüllen Sie die Flaschen mit schlanken Stängeln und Halmen ein, z. B. Gräser (Vorsicht bei Allergikern), wilder Knoblauch, Kräuterstängel und -zweige.
- Fixieren Sie sie mit zwei Bändern: einmal oberhalb des Flaschenbodens und einmal unterhalb des Flaschenhalses.
- Füllen Sie die Flaschen mit Wasser und stellen Sie jeweils nur eine Blume hinein.

463. Blümchentasse

Eine süße Idee für eine sommerliche Gartenparty.

- Suchen Sie ein paar Tassen mit passender Untertasse als Vasen aus.
- Geben Sie ein kleines Stück Steckschwamm in jede Tasse und füllen Sie sie mit Wasser.
- Stecken Sie Blumen und Grün zu einem dichten Sträußchen.
- Legen Sie einen Teelöffel samt Zuckerwürfel auf jede Untertasse oder lehnen Sie einen duftenden Teebeutel gegen jede Tasse.

Partyplaner

Ideen für kreative Einladungen, Menü- und Serviervorschläge, unkomplizierte Gerichte, Partyhits, kleine Gastgeschenke und der passende Kuchen dazu.

Ein Fest organisieren

464. Vorbereitung

Eine gute Planung ist die halbe Miete!

- Verschicken Sie die Einladungen zwei bis vier Wochen vorher – je nach Anlass und Anzahl der Gäste.
- Erwähnen Sie darin unbedingt Datum, Zeit und Ort und – falls gewünscht – Dresscode.
- Setzen Sie ein Zeitlimit für die Antwort (u. A. w. g.) und vermerken Sie sowohl Ihre E-Mail-Adresse als auch Telefonnummer(n) auf der Einladung.
- Erledigen Sie erst größere Aufräum- oder Reinigungsarbeiten, bevor Sie sich um das Essen und die Deko kümmern.
- Prüfen Sie rechtzeitig, ob Tischwäsche, Geschirr und Besteck sauber und in Ordnung sind.
- Verwenden Sie Haftnotizzettel, um die Sitzordnung auszutüfteln.
- Bei einem Büffet, einer Tanz- oder Cocktailparty legen Sie fest, wie die „Hauptverkehrswege“ laufen und verrücken Sie Ihre Möbel entsprechend.
- Kümmern Sie sich um die Musik.

465. Kindergeburtstag

Kinder sind fantasievoll und lieben Abwechslung. Tragen Sie den Vorstellungen Ihres Kindes Rechnung, aber beachten Sie:

- Je jünger das Kind, desto weniger Gäste. Ein Kind pro Lebensjahr ist keine schlechte Regelung.
- Lassen Sie Ihr Kind die Einladungen selbst gestalten (mit Ihrer Unterstützung, falls gewünscht).
- Bei jüngeren Kindern sollten Sie die Beteiligung beim Essen auf die Garnierung beschränken: Eiscreme und Plätzchen verzieren, Saucen für Burger oder Hot Dogs, Dips für Cracker.
- Übernehmen Sie die Planung der Aktivitäten. Für Unter-Zehnjährige setzen Sie für jedes Spiel ein Zeitlimit.
- Anders als bei Teenagern muss ständig ein Erwachsener anwesend sein.

466. Teenie-Party

Auf ihren Partys können Teenager schon mal die Übernahme von Verantwortung üben.

- Legen Sie die Grundregeln fest und helfen Sie bei den Vorbereitungen nur, wenn Sie gefragt werden.
- Sprechen Sie aber dennoch im Vorfeld über bestimmte Arrangements.
- Lassen Sie sich während der Party nur gelegentlich blicken und verkneifen Sie sich Kommentare.
- Falls Sie das Gefühl haben, dass etwas aus dem Ruder läuft, nehmen Sie Ihren Sprössling beiseite und sprechen Sie ihn in ruhigem Ton darauf an. Zunächst soll er versuchen, die Sache alleine zu regeln. Intervenieren Sie nur, wenn das nicht gelingt.
- Als Essen schlagen Sie eine Reihe von Speisen vor, die sich die Teenies selbst „zusammenbasteln“ können: Sandwiches, Pizza und Burger mit verschiedenem Belag, Shakes, Waffeln mit unterschiedlicher Garnierung, Ofenkartoffeln mit diversen Füllungen usw.

467. Party-Erinnerungen

Erinnerungen an besondere Anlässe und Kindergeburtstage sind besonders schön.

- Machen Sie viele Fotos! Legen Sie Ihre Digitalkamera auf den Tisch, so können sich die Gäste auch gegenseitig fotografieren. Hinterher die Bilder im Internet hochladen und alle informieren.
- Bei besonderen Anlässen und mit älteren Personen: Versuchen Sie, jeden Gast mindestens einmal aufzunehmen und ihm das Bild später mit einer kleinen Dankeskarte zu schicken.
- Nehmen Sie sich Zeit für kleine Gastgeschenke. Natürlich sind Süßigkeiten lecker, aber andere Sachen halten die Erinnerungen länger wach. Berücksichtigen Sie das Alter der Gäste: Luftballons oder Seifenblasen für Dreijährige, Laternen oder Lampions für Siebenjährige, fleischfressende Pflanzen für Zwölfjährige.

■ Kommt zu meiner Party!

468. Flaschenpost

Laden Sie Freunde per Weinflasche zu Ihrer Party ein.

- Sie brauchen saubere Glasflaschen – am besten grüne.
- Schreiben Sie den Einladungstext in großen, dicken Buchstaben auf Papier.
- Rollen Sie das Papier mit der Schrift nach außen auf und stecken Sie es in die Flaschen.
- Verzieren Sie die Flaschen mit Glasmalstiften.

469. Kreative Einladungen

- Suchen Sie einfarbige Karten passend zum Stil der Braut oder in der Lieblingsfarbe des Geburtstagskindes.
- Zeichnen Sie eine kleine Tortenschablone – zweistöckig für einen Geburtstag, dreistöckig für ein Brautpaar.
- Schneiden Sie nach der Schablone die Torten aus buntem Papier aus.
- Verzieren Sie die „Tortenböden" mit Glitter-Glue (Glitzerkleber), Klebeschriften etc.
- Malen Sie mit Metallicstiften und schwarzem Filzstift die genaue Anzahl an Kerzen auf oder das Alter (als Ziffernkerzen oder aus Karton) über die Torte.
- Für eine Hochzeit malen oder kleben Sie ein Brautpaar auf die Torte. Oder kleben Sie Mini-Porträtaufnahmen des Paares in ineinander verschlungene Herzen.

470. Süße Karten

Tolle Einladungen für einen Kindergeburtstag, für die Bekanntgabe einer Geburt, Taufeinladungen etc.

- Schreiben Sie einen kurzen Einladungstext mit Anlass, Datum, Zeit und Ort auf stabile Karten.
- Lochen Sie die Karten am linken Rand zweimal und stecken Sie einen Lolli durch. Binden Sie ihn mit bunten Bändern fest.
- Wählen Sie Himmelblau oder Rosa je nach Geschlecht des Neugeborenen; für einen Kindergeburtstag sollten die Karten möglichst bunt sein.
- Besorgen Sie Platzkarten und Beutel für die Gastgeschenke passend dazu – befestigen Sie eine Süßigkeit auf der Platzkarte oder dem Namensetikett und schreiben Sie den Namen des Gastes um die Deko herum.

Mottoparty

471. Abc zum Tee

Geben Sie eine Abc-Schützen-Party. Packen Sie dafür Pausenbrotboxen mit:

- Sandwich-Rädchen aus in Scheiben geschnittenen Wraps
- Kirschtomaten und Karottenstiften
- Gefrorenem Joghurt oder Wassereis
- Einem großen Cookie, einem Mini-Muffin oder einem Stück Rührkuchen

Packen Sie die Boxen in kleine Schulranzen.

Spaßig:

- Ziehen Sie die Namen der Kinder mit Buchstabenwürfeln in ungeordneter Reihenfolge auf Schnüre und binden Sie sie um den Ranzengriff.
- Verschließen Sie die Ranzen mit Zahlenschlössern, deren Zahlencode nur durch eine kleine Rechenaufgabe herausgefunden werden kann.

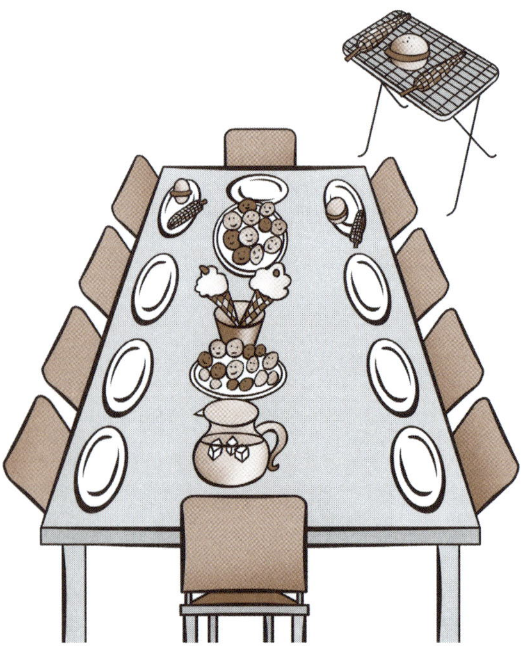

472. Grillsonntag

Gemeinsames Grillen im Familienkreis ist eine entspannte, ungezwungene Angelegenheit.

- Schreiben Sie die Namen der Kinder mit Ketchup auf die Teller; bei den Erwachsenen können Sie Senf verwenden.
- Servieren Sie Kartoffel-Smileys zum Fleisch.
- Runden Sie das Essen mit einem erfrischenden Fruchtsorbet in Waffelhörnchen ab.

473. Gehüpft wie gesprungen

Im Freien feiern ist wesentlich entspannter, vor allem mit aufgedrehten kleinen Gästen. Seilhüpfen auf der Wiese macht vor allem Mädchen Spaß. Sie brauchen:

- Ein Springseil pro Kind möglichst mit Handgriffen; schicken Sie die Seile schon mit der Einladung oder noch besser: Verteilen Sie sie direkt zu Beginn der Party.
- Zuckerfreie Limonade
- Musik von einem tragbaren CD-Spieler
- Eine Stoppuhr (evtl. als Funktion in Ihrem Handy) oder eine Uhr mit Sekundenzeiger für den Hüpfwettbewerb
- Nudelsalat und Fleischbällchen zur Stärkung – geht immer.
- Muffins für den Nachmittag: Dekorieren Sie sie mit Erdbeer-Weingummischnüren oder abgerollten Lakritzschnecken als Springseil und kleinen Weingummistückchen als Griffe.

474. Hula-Hoop

Ein anderes Thema für ein Fest im Freien sind Hula-Hoop-Reifen. Servieren Sie:

- Brezeln und Brotringe mit Dips als Snack
- Knotentrinkhalme für die Getränke
- Belegte Bagels oder Anelli (Ringnudeln) in Tomatensauce als warme Mahlzeit
- Gegrillte oder in Teig frittierte Ananasringe mit Kokoseiscreme als Dessert
- Wenn die Kinder müde werden, lassen Sie sie aus Blumen – echten, aus Seide oder Plastik – Blumenketten basteln und zu langsamerer Musik Hula-Hoop tanzen.

475. Perlenspiel

So können Sie kleine Partygäste drinnen beschäftigen (Achtung: nicht für unter Fünfjährige geeignet).

- Bereiten Sie pro Kind sechs kleine Becher (z. B. ausgespülte kleine Joghurtbecher), die Sie mit unterschiedlichen Perlen, Bändern, Schnüren und Fäden, alten Knöpfen und diversen kurzen Pastaformen füllen.
- Buchstabenwürfel oder -perlen sollen sich die Kinder teilen.
- Stellen Sie ein Tablett mit Hilfsmitteln wie Bastelkleber, Bastelschere, Kettenverschlüsse, Quetschperlen etc. in die Mitte des Tisches.

Jeder Gast kann so sein Armband oder seine Halskette basteln und mit nach Hause nehmen, oder die Kinder können sie untereinander tauschen.

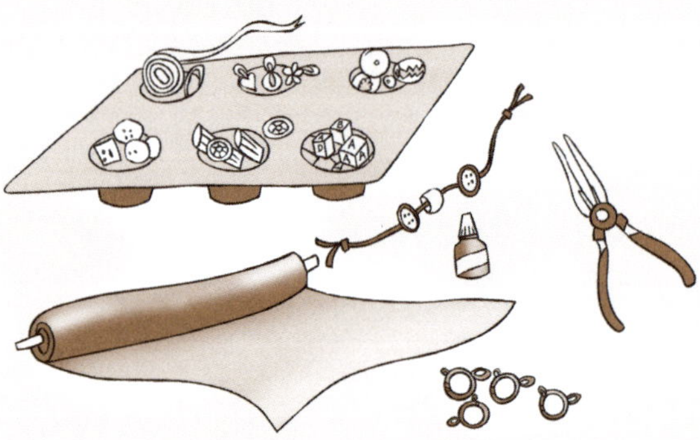

476. Übernachtungsgäste

Pyjamapartys sind gleichzusetzen mit Kindern, die nicht einschlafen wollen und spät noch Hunger kriegen.

- Bereiten Sie eine große Schüssel mit Popcorn und ein DVD-Sortiment kindgerechter Filme vor.
- Bereiten Sie, bevor Sie zu Bett gehen, Knabbereien für hungrige Nachtgespenster vor: Füllen Sie 6er-Muffinbleche mit Brezeln und Salzstangen, Keksen, Fruchtjoghurt, Trockenfrüchten, Kokosraspeln, Getreide- oder Reiscrackern, Studentenfutter und Obst. Lassen Sie eine Vertiefung leer.
- Bedecken Sie die Formen mit Frischhaltefolie und beschriften Sie sie mit den Namen der Kinder.
- Legen Sie einen Eisportionierer dazu mit dem Hinweis, dass jeder kleine Gast sich eine Kugel holen darf. Dafür ist die leere Vertiefung vorgesehen.

477. Coole Masche

Teenies können sich (gegenseitig) Schutzhüllen für ihre MP3-Player oder Musik-Handys stricken und dabei ihren Lieblingssong hören! Das ist wirklich einfach: ein Rechteck, das doppelt gelegt und an zwei Seiten zusammengenäht wird. Sie brauchen:

- Wollreste
- Pailletten, Perlen, Fellflecken, Borten, Bänder und Stoffreste
- Pro Teenie ein Paar Stricknadeln; Häkelnadeln für Säume und Bänder
- Snacks für nebenher, die weder tropfen noch krümeln: Karottenstifte und Paprikastreifen, Salzstangen, Brotchips, Brezeln; Obststücke (nicht zu saftige, z. B. Äpfel); Chorizo und Käsestücke/ Fleischbällchen auf Cocktailspießen; Hähnchenkeulen (Enden in Alufolie gewickelt); getrocknete Früchte; Glückskekse (machen Spaß) …
- Getränke in Flaschen mit Durchlauföffnung oder mit Strohhalmen
- Musik

478. Lesekreis

Wie wäre es mit einer Lesestunde für junge Literaten?

- Ihr Kind schickt jedem Gast ein Taschennotizbuch und einen Stift (in verschiedenen Farben) – die Einladung auf Seite eins fordert den Empfänger auf, einen kurzen Text zu verfassen, der am Abend vorgelesen werden soll.
- Für das leibliche Wohl wird mit Buchstabenkeksen, Limonade oder heißer Schokolade gesorgt.
- Um die Atmosphäre vor den Vorträgen etwas aufzulockern, verteilen Sie lustige Texte (Witze, Rätsel, Wortspiele), mit essbarer Tinte auf Reispapier geschrieben. Falten Sie das Papier vorsichtig und schreiben Sie die Namen darauf (oder jedes Kind kann einen Zettel ziehen).

479. Wellness-Party

Eine geniale Idee für einen Mädchenabend – egal welchen Alters.

- Einladung: Zeit und Ort mit Permanentmarker auf Gel-Augenmasken oder Duftkerzen schreiben.
- Dresscode: bequem, Hausschuhe und ein Handtuch – die Gäste können sich vor Ort umziehen.
- Goodie-Bags: kleine durchsichtige Kulturbeutel oder Frottierbeutel (aus Duschhandtüchern genäht) gefüllt mit Gästehandtuch, Gesichtsmaske*, Nagellack, Nagelfeile, duftendem Körperöl, Rosenwasser, Shampoo und Lotion (in Pröbchengrößen)
- Utensilien: Wattepads, relaxende Lounge-Musik; Duftkerzen, Haartrockner, Lockenwickler und Lockenstab
- Essen: Fruchtsäfte und Smoothies, Rohkost, Vollkornbrotstangen und Dips, Salate, Trockenfrüchte und Nüsse; frisches Obst

*Wenn Sie nicht den genauen Hauttyp Ihrer Freundinnen kennen, greifen Sie zu hypoallergenen Produkten, die für jeden Hauttyp geeignet sind.

480. Heimkino mit Popcorn

Wissen Sie schon gar nicht mehr, wie Ihre besten Freunde aussehen?

- Organisieren Sie einen Filmabend bei sich zu Hause, wenn die Kinder schon im Bett sind.
- Dazu gibt's Popcorn in XXL-Schachteln.
- Sorgen Sie für eine kleine Auswahl an alkoholischen und alkoholfreien Getränken … Sie wissen ja, was Ihre Freunde mögen.

481. Achtung, Außerirdische!

Kleiner Aufwand – galaktische Wirkung: der Raumschiffkuchen.

- Backen Sie einen einfachen Rührkuchen in einer halbrunden Form.
- Stürzen Sie ihn auf ein Kuchengitter.
- Überziehen Sie ihn mit fertiger weißer Kuvertüre.
- Wenn die Kuvertüre halb getrocknet ist, dekorieren Sie den Kuchen: Smarties als Gucklöcher; Lakritzschnecken, Fruchtgummischnüre oder Lollis als Antennen etc.
- Für einen „metallischen" Effekt bestreuen Sie den Kuchen mit Dekozucker.
- Überziehen Sie ein Schneidebrett mit blau gefärbtem Marzipan oder Zuckerglasur und schneiden Sie aus gelbem Papier oder Marzipan Sterne aus. Setzen Sie den Kuchen darauf.

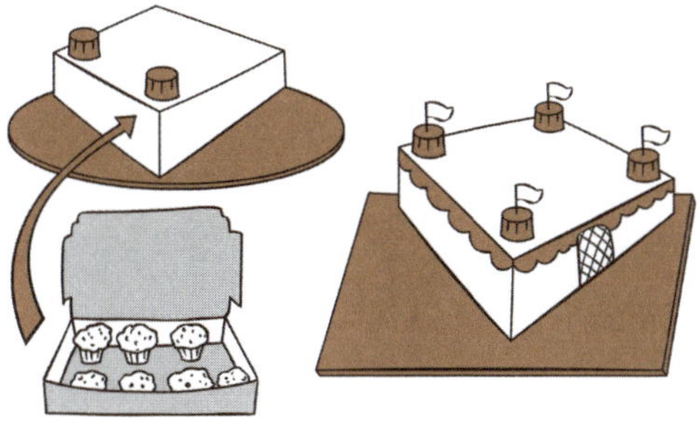

482. Für die Ritter der Tafelrunde

Fast ebenso einfach ist ein Burgkuchen.

- Kaufen oder backen Sie einen quadratischen Schokoladenkuchen und Mini-Muffins.
- Setzen Sie die Muffins (Köpfe flach abschneiden, umgedreht) als Wachtürme auf den Kuchen und überziehen Sie Kuchen und Muffins mit Fertigglasur oder Kuvertüre.
- Als Zinnen und Wehrgänge reihen Sie Mini-Marshmallows am Kuchenrand auf.
- Schneiden Sie eine größere Schokowaffel als Zugbrücke zurecht und drücken Sie sie an einer Seite in den Kuchen.
- Aus Schokosticks und Esspapier lassen sich Fahnen basteln.

483. Für Prinzessinnen

Noch eine Idee direkt aus dem Supermarkt.

- Kaufen Sie im Supermarkt Muffins, Fertigzuckerguss, etwas pastellfarbenen Rollfondant sowie rosa oder lila Dekozucker (oder flüssige Lebensmittelfarbe), passende Prinzessinnenzuckerperlen oder -streusel (wird von einschlägigen Firmen im Handel angeboten).
- Die Papierförmchen von den Muffins abziehen, die Muffins umdrehen und mit dem Zuckerguss überziehen.
- Die Muffins mit Dekozucker bestreuen.
- Den Fondant ausrollen. In Streifen schneiden, die so breit sind, wie die Muffins hoch sind.
- Mit einer runden Ausstechform oder einer großen glatten Spritztülle ein Bogenmuster in eine Längsseite der Streifen stanzen.
- Mit einem Holzspieß Zuckerguss auf die glatte Längskante tupfen und mit einer Pinzette Zuckerperlen daraufsetzen.
- Mit Mini-Ausstechformen oder Sterntüllen ein dekoratives Muster in die Streifen stanzen.
- Antrocknen lassen. Die Streifen auf den Umfang der Muffins zurechtschneiden und als Manschette darumlegen. Vorsichtig andrücken und trocknen lassen.

484. Süßer Blumentopf

Für einen Hobbygärtner sind das die süßesten Blumen.

- Einen Tonblumentopf sterilisieren.
- Kuchenteig in den Topf füllen und backen.
- Die Oberfläche dick mit braunem Zucker bestreuen. Etwas Instant-Kaffeepulver und geraspelte weiße Schokolade daraufstreuen.
- Als Blütenboden etwa zwölf Mini-Muffins, vorzugsweise aus hellem Teig, in grüne Metallkapseln setzen.
- Für die Blütenmitte geschmolzene Schokolade in die Mitte der Muffins streichen und je einen Schokotaler, eine Schokolinse o. Ä. daraufdrücken.
- Für die Blütenblätter aus breiten Fruchtgummistreifen oder Marzipan Blütenblätter in Dreiecks-, Tropfen- oder Herzform ausschneiden.
- Mithilfe von geschmolzener Schokolade oder farblich passendem Zuckerguss die Blütenblätter auf den Muffins festkleben.
- Trocknen lassen und die Muffins auf grüne Spaghetti als Stängel stecken. Die Spaghettistängel in den Kuchen im Blumentopf stecken.
- Aus grünen Fruchtgummistreifen oder grün gefärbtem Marzipan Stielblätter ausschneiden.

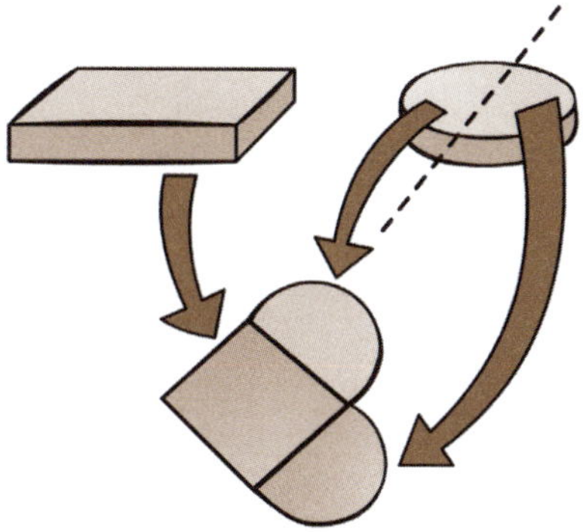

485. Ballons

Für ganz kleine Kinder sind Luftballons das Größte.

- Kaufen Sie für jeden kleinen Gast einen mit Helium gefüllten Ballon in verschiedenen Formen und Farben.
- Binden Sie an jede Ballonschnur ein kurzes Stück Spaghetti, das Sie in den Kuchen stecken, und zwar so, dass der Ballon nicht davonfliegt.
- Jeder Besucher darf nach der Party einen Ballon mit nach Hause nehmen!

486. Von ganzem Herzen

Ein Herz sagt mehr als tausend Worte.

- Keine spezielle Herzbackform vorhanden? Den Teig auf eine runde und eine quadratische Form verteilen und backen. Die runde Form sollte denselben Durchmesser haben wie die Seitenlänge der quadratischen. Die runde Form halbieren und die beiden Halbkreise an zwei Seiten des Quadrats anlegen (*siehe Zeichnung*).
- Für ein Liebesherz den Kuchen mit roter Glasur überziehen und mit Schokoladenherzen garnieren.
- Kinderherzen schlagen bei möglichst bunter Verzierung höher: farbiger Zuckerguss und viel Kuchendekor aus Smarties, Gummibärchen etc.
- Oder überziehen Sie das Herz mit Kuvertüre und garnieren Sie es mit feinen, kleinen Pralinen.
- Besonders schön sieht Ihr Herz aus, wenn Sie noch eine Schleife darumbinden. Fixieren Sie das Band in der Herzspalte mit etwas Glasur und lassen Sie sie trocknen. Nun können Sie das Band um den restlichen Kuchen legen und an der Spitze zur Schleife binden.

487. Schokoladenringe

Diese Törtchen ziehen alle Blicke auf sich.

- Aus zwei flachen Biskuitböden Kreise mit 6 cm Durchmesser ausstechen und je zwei Kreise mit etwas Konfitüre zusammensetzen. Die Ränder ebenfalls dünn mit Konfitüre bestreichen. Auf ein Backblech oder eine Platte setzen.
- Backpapier in Streifen schneiden (20 cm lang und 2,5-mal so breit, wie die Türmchen hoch sind).
- Schokolade schmelzen. Rasch mit einem Palettenmesser längs die Hälfte des Papierstreifens damit bestreichen und etwas antrocknen lassen.
- Mit einem Garnierkamm bearbeiten, sodass ein Wellenmuster im freien Bereich des Papiers entsteht.
- Fertige Streifen sofort um die Törtchen schlagen. Die Papierenden dürfen nicht übereinanderliegen; überschüssiges Papier abstehen lassen.
- Im Kühlschrank ganz fest werden lassen.
- Vor dem Servieren die Törtchen mit Schlagsahne füllen und mit Erdbeeren garnieren. Vorsichtig ein schönes Band darumbinden.

488. Schmetterlinge

Mit weißer oder dunkler flüssiger Schokolade, einem Spritzbeutel aus Backpapier und etwas Übung lassen sich entzückende Schmetterlinge herstellen.

- Einen Papierspritzbeutel mit geschmolzener Schokolade oder Kuvertüre füllen.
- Auf einem Bogen Backpapier eine Reihe „B" spritzen, dann genauso viele spiegelgleiche B spritzen (zum Üben können Sie eine Paste aus Mehl und Wasser verwenden).
- Die Schmetterlingsflügel nach Belieben mit Kringeln und Schnörkeln ausfüllen.
- Für die Schmetterlingskörper lange und kurze (ausgefüllte) Ovale auf das Backpapier spritzen.
- Im Kühlschrank 45 Minuten fest werden lassen.
- Die einzelnen Schokoladenformen behutsam vom Papier abziehen und die Schmetterlinge auf Desserttellern, auf Creme- oder Sahnerosetten oder direkt auf einer Creme, Mousse oder Eiskugel zusammensetzen.

489. Sommerlich

Supereinfach, aber toll für eine Sommerparty.

- Pro Gast einen kleinen Muffin vorsehen.
- Eine reichliche Portion festen Joghurt teilen und jeweils mit Lebensmittelfarben einfärben.
- Nach Belieben grob gehacktes Krokant, Nüsse, zerbröselte Schokowaffeln oder klein gehackte Früchte unter je eine Joghurtportion heben. So lange tiefkühlen, bis der Joghurt recht fest ist.
- Holzspieße in die Muffins stecken, damit sie aufrecht gehalten werden können, während das Eis darüber verteilt wird.
- Die Muffins in eine große Glasform stellen und mit Eiswaffeln und Obststücken garnieren und mit Dessertsauce beträufeln.
- Den geeisten Joghurt mit einem Eisportionierer auf den Muffins verteilen und bis zum Servieren tiefkühlen.

490. Partyküken

Eier und Küken sind nicht nur zu Ostern angesagt, sondern auch an Geburtstagen.

- Für dieses einfache Thema eignen sich Marshmallow- oder Fondant-Küken. Alternativ können Sie auch Wiener Mandeln verwenden.
- Kokosraspeln grün färben.
- Die Oberseite von Muffins mit Buttercreme oder Zuckerguss bestreichen und dann in die grünen Kokosraspel drücken.
- Im Kühlschrank fest werden lassen. Währenddessen mit einem Sparschäler Späne von einer Schokoladentafel abschälen.
- Ein ringförmiges Nest aus Schokoladenspänen auf jeden Muffin streuen.
- Ein Küken in das Nest drücken oder drei Wiener Mandeln als Eier hineinlegen.

491. Tierformen

Was liegt bei einem Zoo- oder Zirkus-Thema näher als Tierformen aus Teig?

- Mit entsprechenden Ausstechformen Tiere aus Blätterteig ausstechen. Pro Tierform drei Tiere ausstechen.
- Eine der Formen ganz lassen, in die beiden anderen ein Loch in die Mitte stechen.
- Die ganzen Formen auf ein Backblech legen und je zwei Formen mit Loch darauflegen.
- Mit Ei bestreichen und im vorgeheizten Ofen backen, bis sie schön aufgegangen sind.
- Die „Tierbäuche“ mit Gemüse oder Salat füllen.

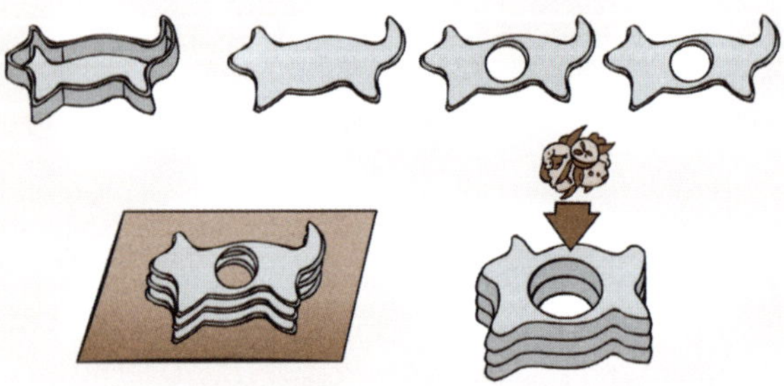

492. Kleine Raupe Nimmersatt

Diese Raupe ist fast so schnell gebastelt, wie sie gegessen wird. Sie brauchen:

- Mini-Muffins
- Kokosraspel
- Zuckerguss
- Bunte Schokolinsen, Fruchtgummidrops o. Ä.
- Abgerollte Lakritzschnecken oder Erdbeerschnüre
- Mini-Kirschlollis

Und jetzt:

- Eine Wiese aus grün gefärbten Kokosraspeln auf einen Teller streuen.
- Die Mini-Muffins in einer Schlangenlinie auf dem Teller hintereinanderlegen. Falls nötig, mit etwas Zuckerguss zusammenkleben.
- Den letzten Muffin für das Gesicht schräg nach oben ausrichten.
- Mit Zuckerguss ein Gesicht auf die Oberseite des Muffins spritzen oder die kleinen Süßigkeiten für Mund, Nase und Augen aufkleben.
- Beine aus Lakritz, Füße aus Schokolinsen und Fühler aus Mini-Lollis ansetzen.

■ Aufregende Extras!

493. Ampelfarben

Eine lustige Idee für einen Kindergeburtstag und passend zu einem Autokuchen: das Ampeldessert!

- Götterspeise in Grün, Gelb (oder Orange) und Rot vorbereiten.
- In durchsichtige Gläser zunächst Kiwischeiben und grüne Götterspeise füllen.
- Dann Orangenspalten oder Mangoscheiben mit der gelben Götterspeise daraufgeben.
- Zuletzt rotschalige Apfelspalten, Kirschen oder rote Beeren und die rote Götterspeise einfüllen.
- Mit einer Schlagsahne- oder Puddinghaube servieren.

494. Obstampel

Die noch gesündere Variante des Ampeldesserts:

- Längs halbierte Bananen wie bei einem Banana Split in ovale Dessertschalen legen.
- Für die drei Ampelfarben mit einem Melonenausstecher kleine Kugeln aus Kiwis, Cantaloupe- oder Honigmelone und Wassermelone ausstechen.
- Mit gerösteten Sonnenblumenkernen und Granatapfelkernen bestreuen.

495. Bläschen und Blasen

Wenn bei den Erwachsenen die Bläschen im Sektglas perlen, können sich die Kleinen auf einem Fest mit ganz anderen Blasen beschäftigen.

- Füllen Sie Seifenlösung in kleine Flaschen mit breitem Hals und biegen Sie einen Draht zu einer Schlinge.

Seifenblasen machen nicht so viel Sauerei wie Konfetti – solange die Flasche nicht komplett umkippt.

496. Vom Löffel essen

Eine süße Überraschung – ein Teelöffel mit Schokoladenüberzug!

- Kuvertüre in einem Topf oder Schokoladenbrunnen schmelzen und Teelöffel zum Überziehen hineintauchen. Die Schokolade trocknen lassen und den Vorgang zwei- bis dreimal wiederholen, sodass eine schöne dicke Schokoladenschicht entsteht.
- Die Löffel umgedreht auf einem Kuchengitter oder Backpapier trocknen lassen.
- An einem kühlen Ort aufbewahren.
- Für den besonderen Effekt jede Schokoladenschicht mit aromatisiertem Zucker (Vanille-, Zimt- oder Lavendel-Zucker) oder Krokant bestreuen.
- Sie können auch aus Mürbeteig löffelförmige Plätzchen backen und wie beschrieben mit Schokolade überziehen.

497. Süßes zum Kaffee?

Auch Erwachsene freuen sich über ein Gastgeschenktütchen.

- Erwachsenen Gästen können Sie Ihre selbst gebackenen Cantuccini, hübsch wie ein Bonbon in Transparentfolie gewickelt, schenken. Die Gäste können sie traditionell in ihren Kaffee oder Portwein tauchen oder mit nach Hause nehmen.

498. Sweets for my sweet

Karamell ist einfacher herzustellen und mindestens genauso süß wie Pralinen.

Verwenden Sie Plätzchenausstecher:

- Blumen zum Muttertag (Verzieren Sie die Mitte mit einem Schokoladenplättchen.)
- Herzen zum Valentinstag (in rosa Pralinenförmchen legen)
- Sterne zu Weihnachten
- Küken zu Ostern
- Einfache Quadrate, in die Lakritzschnüre wie Schnürsenkel durchgezogen sind.

500. Bootsrennen

Für eine Kinderparty mit Planschbecken:

- Falten Sie aus verschiedenfarbigem Papier Boote und geben Sie ringförmige Süßigkeiten (Rettungsringe) auf das „Deck".
- Beflaggen Sie die Boote, indem Sie unterschiedliche Flaggenspießchen in die mittlere Bootsspitze stecken.
- Wenn die Süßigkeiten aufgegessen sind, veranstalten Sie ein Bootsrennen.

Sorgen Sie für eine ständige Aufsicht durch einen Erwachsenen!

499. Bacchus lässt grüßen

Für einen gemütlichen Weinabend:

- Schlingen Sie Weinranken um Weinflaschen, Weinkühler und/oder Gläser. Wenn Sie keine Weinranken bekommen können, sehen Efeuranken ähnlich gut aus.

Notizen

Notizen

Notizen

Register*

*Anmerkung: Die angegebenen Zahlen verweisen auf Seitenzahlen.

Abfallzerkleinerer im Spülenabfluss 21
Abflussverstopfung 20
Abmessen von klebrigen Zutaten 80
Alkohol 60, 188, 193, 194, 218
Aluminiumtöpfe 7
Amaranth 48
Ampeldessert 245
Ampfer 69
Ananas 40
Aprikosen, getrocknete 73
Aromakonzentrate 81
Artischocken 44
Ausrollen von Teig 80
Außerirdischen-Party 239
Avocados 40
  vorbereiten 65

Babys/Kleinkinder 164
  am Familientisch 168, 174, 223
  Besteck 168
  Brei portionsweise einfrieren 165
  Breimischungen 167
  Eier 166
  ein Jahr alt 169
  Einladungen 233
  erste Breis 166
  neun Monate alt 167
  püriertes Essen 175
  Snacks 169, 170
  Utensilien sterilisieren 165
Backformen auslegen 116
Backpapier 115
Backpulver 114
Backrolle, improvisierte 11
Bananen 40, 41, 110
Beeren 40
  Sorbets 142
Beil 18
Beilagen 199
Bio-Produkte 62, 63
Birnen im Poncho 210
Biskuitrollen aufrollen 124
Blähungen vermeiden 111
Blattgemüse vorbereiten 68–69
Blattsalat 43, 46, 68
Blumen als Tischdekoration 228–229
Blumenkohl 69
  garen 100
Blüten, essbare 43, 138
Böden, rutschfeste 22
Bohnen 49, 88, 89, 111
  getrocknete Bohnen garen 103
  im Kühlschrank aufbewahren 156
  Wokgerichte 107
Bohnenkraut 85
Bonbonsplitter zum Garnieren 208
Bouquet garni 90–91
Bowle, alkoholfreie 194
Brokkoli 69
Brot 150
  altbackenes Brot 123
  aufgehender Teig 122
  einfrieren 152
  für Kinder 185
  knusprige Kruste 122
  Panade 123
Brühen 86, 92
Büffets 187, 224, 225
Burger 99, 134
Burgunder Topf 179
Butter
  Formen ausstechen 202
  Kräuterbutter 202
Butternutkürbis 45

Cannelloni 127
Cantuccini 247
Chilli con carne 178
Chillies 58, 87
Cocktails 193
Crème brûlée 209
Crème fraîche 109
Curry 106
  Currycremesuppe 156
  Currysauce 158
  Kinder-Curry 177

Dämpfen 104
  klebfreies Dämpfen 95
Desserts 125, 218
  Kinder 172, 183
Dosen 49
  Blumen aus der Dose 228

Edelstahltöpfe 7
Edelstahlutensilien 8
Eichelkürbis 45
Eier 49
  Eierstreusel 82
  Eigelb einfrieren 140
  Eiweiß steif schlagen 81
  Frische prüfen 50
  pellen 82
  pochieren 96
  Rührei 97
  Tischdekoration 226
Einfrieren von Lebensmitteln
  erhitzen 150
  Soufflés 151
  ungeeignete Lebensmittel 145
Einkauf 38
  Fisch und Meeresfrüchte 53–54
  Fleisch und Geflügel 50–53
  Früchte und Gemüse 40–46, 63
  Getreide und Hülsenfrüchte 47–49
  Handy 35
  Kassenzettel prüfen 39
  Lebensmittellagerung 36–37
  Milchprodukte 49–50
  Mindesthaltbarkeitsdatum 35
Einladungskarten 233
Einmachgläser
  öffnen 79
  sterilisieren 10
Eintöpfe 157, 177
  entfetten 110
Eis 159
Eis am Stiel 204
Eiswürfel 136–137, 191
  Blüten 138
Elektrogeräte
  Flackerlicht 32
  Kindersicherheit 27, 29
  Sicherheit 32, 33
  Wasser und Elektrizität 33
Emailletöpfe 6
Endivien 69
Enoki 101
  Enoki im Obi 197
Erbsen 200
Essensreste 154–159
  Hygiene 34
Essig 15, 122
  aromatisierten Essig herstellen 75, 77
  kaufen 59

Fertigfondant 149
Fett entsorgen 93
Feuergefahr 24, 28, 29, 30, 31
Fisch 182
  aus der Folie 131
  Currycremesuppe 156
  Fischfond 86
  Fischkonserven 108
  Frische prüfen 53
  gefrorener 54
  geschwärzter 97
  grillen 98
  kühlen 147
  Lachsröllchen 196
  Sushi 220
Flaschenpost 232
Fleisch
  Currycremesuppe 156
  einfrieren 52
  Ersatz für 213
  grillen 98
  mageres 51
  marinieren 51
Fleischklößchen 98, 134
Früchte 40–41
  Bio-Produkte 62
  einfrieren 151
  Gewürze und Kräuter 203
  Käse mit Früchten 197, 211
  Kauf vermeiden 63
  Kuchendekoration 208
  mit Streuseln überbacken 132
  Obstampel 245
  saisonale Produkte 61
  Sangria-Fruchtsalat 159
  Slush 144
  Sorbets 142
  Tischdekoration 226, 227
  überreife Früchte 111
Früchtepasteten 121

Garnelen 105, 106
Garnierung 203–204
  Bonbonsplitter 208
Gasaustritt 24
Gasflamme 31
Gäste bewirten 186–220
  alkoholfreie Bowle 194
  Anzahl der Gäste 186
  Barbereiche 188
  Beilagen 199
  Büffets 187, 224
  Cantuccini 247
  Cocktails 193
  erschwingliche Einladungen 218
  Gläser identifizieren 224
  Glückskekse 198
  Helfer 187
  kalorienarme Getränke 212
  Knabbereien 195–197
  Party-Shots 198
  Partyplaner 230
  Sekt 193, 194
  siehe auch Partys
  Sitzordnung 227
  ungeeignete Lebensmittel 191
  vor dem Essen 190
  Warm oder kalt? 189
  Wie viel Essen? 189
  Wie viel Wein? 188
Gefahrenquelle in der Küche
  Feuer 24, 28, 29, 30, 31
Geflügel auftauen 53

Gefrierbehälter öffnen 139
Gefrierschrank mieten 191
Gemüse 40, 42–47, 183
andünsten 92
Bio-Produkte 62
Cremesuppen 101
einfrieren 151
Essen auf Spießen 171
gebratenes mediterranes Gemüse 130, 157, 176
Gemüsefächer 200
heiß und herzhaft 201
Kauf vermeiden 63
Mediterranes Gemüse 157
Ofengemüse 157
Pürees 100
saisonale Produkte 61
säubern 13
Schalen 108
schälen 66
Tischdekoration 228
Gemüseblätter 42
Geschirr 223
Getränke
kalorienarme Getränke 212
vor dem Essen 190
zuckerfreie Getränke 214
Gewürze 57, 58, 59, 83
Lagerung 55
Gläser identifizieren 224
Glasgeschirr 5
Glasuren
Blitzglasur 126
bunter Zuckerguss 119
im Kühlschrank aufbewahren 149
Glückskekse 198
glutenfreie Kanapees 213
Grillen 234
Grillmuster 135
Hygiene 26
Mais 134
Grillmuster 135
Grillspieße einweichen 135
Grünkohl 69
Gurken
Käse-Gurken-Schiffchen 196

Hacken von Lebensmitteln 10
Hammer 18
Haustiere, Küchenhygiene 25
Hirse 48
Hühnerfleisch 50
gegrilltes Hähnchen indischer Art 181
Lagerung 53
Restepastete 120
Hula-Hoop-Party 235
Hülsenfrüchte 49, 89

Ingwer vorbereiten 65

Joghurt 49, 146

Kaffee 16
Espresso 14
Kaffeebohnen einfrieren 153
nach dem Essen 215
Kalbfleisch 52
Kaltschalen 138
Kanapees, glutenfreie 213
Karamell 247
Karbonstahl 20
Kardamom 59
Karottentorte, Variationen 125
Kartoffeln 200
Lagerung 45, 46
Ofenkartoffeln 128, 199
Riffelchips 66
vorbereiten 65
Käse 49, 50
einfrieren 140
erster Gang 217
gebackene Brie-Räder 132
Käse mit Früchten 197, 211
Käse-Gurken-Schiffchen 196
Käsesauce 158
Keramikgeschirr 4
Ketchup, verstopfte Flasche 78
Kinder
Babys 164–169
Brotvariationen 185
Desserts 172, 183
Einkauf 38
Erwachsenenessen für Kinder 175–181
Essen auf Spießen 171
Essen klein schneiden 184
Essen servieren 185
Essensabenteuer 162–163
Fett im Essen 163
Fischgerichte 182
Gemüse 183
heikle Esser 173
Kindergarten 170
kontrollierte Portionen 184
neues Essen einführen 172, 174
Pasteten 182
Pausenbox 171
Sicherheit in der Küche 23, 24, 26, 27, 30
Kinderpartys 231
Bootsrennen 248
Erinnerungen 232
Hula-Hoop-Party 235
Perlenspiel-Party 236
Schulanfang 234
Seilhüpf-Party 235
Übernachtungsgäste 236
Kiwis 40
Knoblauch
einfrieren 11
gebackener Knoblauch 129
lagern 45
Kochbuchschutz 79
Kohl 69, 70, 111
ganzer Kopf 201
Kohlrabi 44
Kopfsalat 69
Salatpäckchen 107
Kräuter 87
einfrieren 144–145
getrocknete 57
Kräuterbutter 202
Lagerung 55–56
trocknen 56, 75
Kröte im Loch 127
Kuchen
Ballons 241
Blumentopfkuchen 240
Burgkuchen 239
Dekoration 126, 206, 207, 208, 239, 240
Früchtekuchen 118, 207
herzförmiger Kuchen 241
Muffin-Eisbecher 243
Prinzessinnenkuchen 240
Raumschiffkuchen 239
Raupenkuchen 244
schnelles Dessert 205
Schokoladenringe 242
Tortenböden schichten 119
Triebmittel 114
Wachsschutz 208
Küchenhygiene 25
Kühlschrank 146–150
abtauen 15
Schimmel 15
trockene Lebensmittel 146
unangenehme Gerüche 16
Kunststoff, Feuergefahr 29
Kupferschüsseln 81
Kupfertöpfe polieren 9
Kürbisse 44–45
aushöhlen 17
halbieren 18
im Ganzen gebacken 129
vorbereiten 68
Kurkuma 148, 180

Lachsröllchen 196
Lammfleisch 176
Läufer, rutschfeste 22
Lebensmitteletiketten 37
Lebensmittellagerung 36–37, 39
Gemüsefach 46
Lemon Curd 113
Leseparty 237
Likör aus Vorräten 72
Limettenschale 84
Linsen 49
Löffel mit Schokoladenüberzug 246
Lorbeerblätter 84
Luffa-Handschuhe 13

Mais 48
Maisblattpäckchen 71
Mangold vorbereiten 70
Marzipan
ausrollen 80
Marzipandecke anheben 117
Mayonnaise 74
Medikamente, Löffel zum Abmessen und Einnehmen von 34
mediterranes Gemüse 130, 157, 176
Meerrettich 58
Mehl 47, 114
Melonen 40
Melonenkonfitüre 73
Meringen 205
Messer 26
Karbonstahl 20
Mikrowelle 112
aufgehender Teig 122
Lemon Curd 113
Plätzchen weich machen 133
Sicherheit 32
Milch 49, 146
erhitzen 96
heiße Gewürzmilch 216
Milchshake 159
saure Milch 115
verdünnte Kondensmilch 85
Milchprodukte 49–50
Milchshake 159
Mindesthaltbarkeitsdatum 35
Mixer reinigen 16
Molke 50
Moussaka 178
Muffin-Eisbecher 243
Muffins 120
Glasur 126
Muscheln 86
Frische prüfen 54

Nam-Pla-Ersatz 86
Nudeln 47, 94
Ein-Topf-Nudeln 102
Frühlingsnudeln 94
für Gäste 190
mit Fleischklößchen 52
schnelle Sauce 72
Tomatensauce 102
Nüsse 59
einfrieren 141
Tischdekoration 226

Ofen auslegen 12
Ofen vorheizen 117
Okras 43
garen 67
Öl 31
aromatisiertes Öl herstellen 76, 77
auf Böden 27
entsorgen 93
Ölzerstäuber 78
Orangen
Schweinefleisch-Orangen-Spieße 131
Tischdekoration 227

Panettone 206
Papayas 40, 219
Papier, Feuergefahr 29
Paprika
entkernen 67
Tischdekoration 228
Party-Shots 198
Partys 230–248
Einladung 232–233
Partyküken 243
siehe auch Kinderpartys, Gäste bewirten, Teenie-Partys
Pasteten 182
Pergamentpapier 115
Perlenspiel-Party 236
Pestizide 62
Pesto 87
Pfefferkörner 58
Picknicks 219
Geschirrtücher 192
Pilze 40, 46
einfrieren 142
Enoki 101
Enoki im Obi 197
Piroggen 211
Pizzabeläge 212
Plastikschüsseln, verfärbte 17
Plätzchen 133
Cantuccini 247
Plätzchenteig einfrieren 152
Tischdekoration 221
weich machen 133
Popcornparty 238
Porree im Schinkenmantel 130
Prinzessinnenparty 240
Puddinggarnierung 210
Pyjamaparty 236

Quinoa 48

Rauchmelder 28
Ravioli 89
regionale Produkte 60
Reiben 83
Reis
aufgepeppter Reis 155
gebackener Kohl 201
gebratener Reis 155
gekochter Reis 148
Risotto 95
Rosenkohl 69

Safran einweichen 83
Sahne 49, 146
einfrieren 139
fettarme Sahne 85
Sahnesaucen 148
saisonale Produkte 60–61
Salat 181
Salsa 217
salzarme Ernährung 214
Sangria-Fruchtsalat 159
Schalotten vorbereiten 64
Scheren 13
Schimmel im Kühlschrank 15
Schinken
Porree im Schinkenmantel 130
Schmuck 25
Schneidebretter aus Holz 19
Schneiden von Lebensmitteln 12, 18
Schnelles Essen 105, 106, 120, 216–218
Schnellkochtopf 14
Schokolade
heiße Schokolade 215
Löffel mit Schokoladenüberzug 246
Schmetterlinge 242
Schokoladenringe 242
Schweinefleisch 51, 105
Schweinefleisch-Orangen-Spieße 131
Seifenblasen 246
Seilhüpf-Party 235
Sekt 193, 194
Sellerie 43
Senfkohl 69
Sesam 59
Sicherheitsmaßnahmen 22–34
Silikon-Backformen 5, 115
Slush 144
Smoothies 110, 176
Snacks, eingewickelte 195
Sorbets 71, 142
Soufflés nach dem Einfrieren aufbacken 151
Spaghetti 103
Spaghetti-Imbiss 154
Spaghettikürbis 45
Spargel 43
zum Dippen 104
Speck
einfrieren 141
Enoki im Obi 197
Spinat 69
Spitzendeckchen 222
Strickparty 237
Suppen 93
Cremesuppen 101
Sushi 220

Tafelsilber 8
Tannenzapfen als Tischdekoration 225
Teenie-Partys 231, 237
Teig
ausrollen 80
Blätterteigpastetchen 118
gefrorener Teig 116
Pastetenteig 121
tierförmiger Teig 244
tiefgefrorenes Essen 36, 52, 54, 116, 139–145
tierförmiger Teig 244
Tischdekoration 221–229
Sitzordnung 227
Würzmittel 225
Tischsets 222
Tischwäsche 223
Tomaten 40, 42
Tomatensauce 102
Töpfe
Feuergefahr 30
Regenbogeneffekt 7
Topfgriffe 26
Torten 119, 124

Übernachtungsgäste 236
Ufo-Kürbis 44
Utensilien verstauen 19

Vanillestangen 74
Verbrennungen 30
verderbliche Lebensmittel 37
Vinaigrette 147

Wasser, hartes 9
Wein 188
Weinabend 248
Weinblätter 70
Weinflaschen 11, 232
Weinabend 248
Wellness-Party 238
Wiegemesser 10
Wildreis 48
Wodka 76, 77
Wok, Behandlung vor dem ersten Gebrauch 5
Wokgerichte 179
Bohnen 107
Reis 155
Würstchen 195
Wurzelgemüse 42
Ofengemüse 157
Würzmittel 225

Yorkshire-Pudding 127

Zahnseide 12
Zitronendessertsauce 109
Zitrusfrüchte 41, 113
einfrieren 143
Zitruswolke 209
Zucchini 44
Zucker 60
aromatisieren 77
Ersatz für braunen Zucker 88
zuckerfreie Getränke 214
Zutaten, klebrige 80
Zwiebeln
lagern 45
vorbereiten 64